누가 메시아인가?

누가 메시아인가?
The Messiah Factor

토니 피어스

이 책은 1998년 주님 곁으로 가기 전까지 이 사역을 도운 나의 첫째 부인 닉키와 나로 하여금 사역을 계속할 수 있도록 지금 돕고 있는 나의 둘째 부인 바바라에 대한 깊은 감사와 함께 쓰여졌다.

차례

제 1 장 | 너희는 나를 누구라 하느냐? / 7

제 2 장 | 누가 예수님을 죽였는가? / 11

제 3 장 | 밤을 넘어서 / 24

제 4 장 | 그렇다면 메시아는? / 36

제 5 장 | 메시아 - 위대한 사람인가? 신적 존재인가? / 46

제 6 장 | 우리는 동정녀 탄생을 믿을 수 있는가? / 65

제 7 장 | 고난 받는 종: 이 선지자가 말하는 이는 누구인가? / 87

제 8 장 | '내가 피를 볼 때에' / 105

제 9 장 | 제 2성전의 함락 / 115

제 10 장 | No 평화 - No 메시아 / 128

제 11 장 | 토라는 하나님께로 이어지는 다리인가? / 149

제 12 장 | 진정한 메시아? / 168

부 록 | 성취된, 또한 성취될 메시아 예언들 / 185

제 1 장
너희는 나를 누구라 하느냐?

가이사랴 빌립보

1979년 12월 27일, 나는 나의 아내 닉키(Nikki)와 내 딸 레이첼(Rachel)과 처음으로 이스라엘을 방문했다. 그때 우리는 하이파(Haifa) 근처 스텔라 카멜(Stella Carmel)에 살고 있는 친구들의 안내를 받아 주변을 둘러 보았다.

여러 사건들이 과거에 뿐만 아니라 현재도 일어나고 있는 이 오래된, 동시에 현대적 땅을 여행하며 우리는 운명적이고 흥분된 감정을 느꼈다. 그 후에 우리는 우리가 갈 수 있는 한 멀리 북쪽으로 갔고 골란 고원 구릉 중 하나인 바네아스(Baneas)라는 곳에 도달했다.

이 장소는 그리스 신 '판(Pan)'을 위한 신전이 있는 곳으로 신약성경과 연관이 있는 곳이다. 이곳은 로마 거주지로서 가이사랴 빌립보가 있었던 곳인데 로마 주거지로서 예수님께서 제자들과 함께 오셔서 매우 중요한 질문을 던지셨다.

'너희는 나를 누구라 하느냐?'

우리는 '판'을 위한 신전으로 올라가며, 음침하고 험악하게 보이는 고원들을 쳐다 보았다. 나는 1948, 1967, 그리고 1973년 전쟁 중 이곳에서 이스라엘과 시리아 사이에 치러졌던 삶과 죽음의 전투들에 대해, 그리고 최근 전쟁과 파괴가 벌어졌던 언덕을 바라보며 순찰 중인 이스라엘 군인들에 대해 생각했다.

나는 당시 수천 명의 생명을 앗아갔던 레바논 접경지대와 내전에 대해 그리고 나아가 당시 사건들이 소련의 붕괴, 탈레반과 알-카에다를 통한 이슬람 테러리즘의 출현, 세계적인 '테러와의 전쟁'으로

까지 치달으리라고는 미처 예견치 못한채 소련의 아프가니스탄 침공에 대한 최근 소식을 생각했다.

그리스인들은 바네아스 '범신론(Pantheism)'의 기원이 된 자연의 신인 '판'을 위한 사당을 세웠는데, 범신론은 뉴에이지 운동(New Age Movement)을 통해 널리 알려졌다. 뉴에이지 운동은 나무, 흙, 사람, 동물 어느 곳에나 신(god)이 있다고 주장하며 인간은 서로 연결되어 신에게 이어진다고 믿는다.

이와 같은 장소, 즉 가이사랴 빌립보에서 유대인이신 예수님은 인류의 철학의 모호함을 관통하며 지구상의 모든 이들, 특히 오늘날 그가 처음으로 이 질문을 제기한 지역에 살고 있는 이들과 깊은 연관을 가지고 있는 질문을 하셨다.

'너희는 나를 누구라 하느냐?'

선지자, 성인, 사기꾼, 우리가 추종하는 자 혹은 우리가 경멸하는 자? 또는 복음서에서 베드로의 고백과 같이 '주는 그리스도시요 살아계신 하나님의 아들이시니이다'(마태복음 16:16).

이 질문은 동일한 땅을 두고 갈등하는 두 민족, 유대인들과 아랍인들에게 특별히 연관성이 있다. 두 민족의 주 종교인 유대교와 이슬람교는 하나님은 한 분이라 믿으며 아버지, 아들, 그리고 성령의 연합을 이야기하는 기독교를 배제시킨다.

또한 하나님과 사람 사이, 그리고 사람과 사람 사이의 중재자이신 예수님을 거부한다. 그러나 두 민족이야말로 이스라엘 땅을 향한 비참한 전투 가운데 서로를 화해시킬 중재자를 필요로 한다.

예루살렘

일주일 후 우리는 예루살렘에 머무르며 유대인 회당, 교회, 모스크, 홀로코스트 기념관인 야드 바쉠(Yad Vashem), 그리고 극 정통파 주거 지역인 메아 쉐아림(Mea Sharim)등 여러 성지들을 방문했다.

마지막 날에는 예수님께서 체포되신 겟세마네(Gethsemane)에 방문한 후 기드론 골짜기(Kidron Valley) 방향으로 걸어 내려 왔다.

그날은 금요일 오후였고 우리는 안식일 광경을 보기 위해 통곡의 벽으로 가기를 원했다. 나는 지도를 통해 지름길을 발견했다. 어떤 곳인가 보기 위해 닉키와 레이첼을 계곡 밑에 남겨두었다. 좁은 능선을 올랐을 때, 곧 나는 이것이 굉장히 어리석은 행동이라는 것을 알게 되었다.

두 명의 아랍 소년들이 무슬림 묘지에서 내게 달려와 돈을 요구하고 나를 능선 아래로 밀려고 위협하며 양쪽에 버티고 섰다. 마침내 그 소년들에게 돈을 주자 그들은 비웃으며 도망갔다.

나는 분노와 두려움으로 손을 떨며 이들을 뒤쫓으며 내려왔고 나는 닉키와 레이첼이 안전하게 골짜기 밑에서 있는 것을 발견한 후 어떤 일이 일어났는지 그들에게 이야기했다. 내가 골짜기를 내려가면서 도둑질한 소년들에 대해 분노하고 있는데 문득 내가 어디에 있는지 발견하고는 놀랐다.

이곳은 예수님께서 잡히시던 밤 군인들이 대제사장인 가야바의 집으로 예수님을 끌고가던 길이었다. 거의 2천 년 전 이 길을 걷던 그 분이 생각났고, 그 분은 내게 '이들을 용서하라, 이들을 위해 기도하라, 이들을 사랑하라'고 이야기하셨다.

우리는 구도시의 골목길들을 돌아 서쪽 성벽으로 향했는데 바로 그때 알 아크사 모스크로부터 무슬림들의 기도시간을 알리는 아잔 소리가 울리고 있었다.

우리 앞에는 많은 유대인들이 통곡의 벽 앞에 모여 있었다. 이들은 춤을 추며 즐겁게 찬양했다.

갑자기 내 앞에 펼쳐지고 있는 광경의 의미가 이해되기 시작했다. 여기 유대인과 무슬림이라는 두 그룹은 그들이 이해하고 있는 자신의 하나님께 열정적으로 기도하고 있다. 그들은 각각 하나님은 한 분이시라고 믿는다. 또한, 두 그룹 모두 예수님을 메시아로서 그리고 하나님의 아들로서 거부하고 있다. 이들은 서로 가까이 살고있지만 영적으로 이들은 적개심의 벽과 서로에 대한 두려움으로 저 멀리 떨어져있다. 하나님께 기도하고 있는 이들 사이에 무엇이 있는가? 거대한 벽, 즉 서쪽 장벽이다.

이 순간 나는 주님께서 '네가 아직 그 아랍 소년들을 위해 기도하지 않았다'고 말씀하셨다. 나는 하나님께 그 소년들을 용서해 달라고 기도하기 시작했고, 유대인과 아랍인 사이의 분열에 대해 기도하기 시작했다.

그때 내 영 가운데 예수님께서 그 벽을 허무시고 한 손을 유대인들에게 그리고 다른 손을 아랍인들에게 펼치시며 이렇게 말씀하셨다.

"내가 너를 사랑한다. 나는 너를 하나님과 또한 서로에게 화해시킬 수 있는 이이고, 나는 하나님과 모든 인류 사이의 중재자이다. 오늘도 나는 하나님과의 평화와 새로운 시작과 영광스러운 미래를 제공하고 있다. 나 외에는 평화가 없고 오직 재난과 피흘림과 엉망이 된 삶들과 파괴된 도시들과 마지막 전쟁을 위해 모일 세계 군대들만이 있음을 눈물로서 이야기한다. 오늘날 너는 선택해야 한다. 너희는 나를 누구라 하느냐?"

제 2 장
누가 예수님을 죽였는가?

슬프게도 예수님이 평화와 화해를 가져다 주실 수 있는 분이라는 생각은 수백만의 유대인들에게는 어처구니없거나 모욕적으로 들린다.

닉키는 20세기 초 즈음 태어나 폴란드의 작은 마을에서 성장한 한 유대인 여성을 방문하곤 했었다. 예수님의 이름에 대한 그녀의 첫 번째 기억은 부모님이 그녀에게 '성금요일'에 집의 벽장에 숨으라고 이야기한 것이다. 그날이 '성금요일'에는 예배를 마친 카톨릭들이 유대인 마을로 와서 '예수님의 죽으심에 보복하기 위해' 돌을 던지곤 했기때문이다. 당연히 그녀가 예수님을 어떤 문제든 해답을 가지고 계신 분으로 생각하기는 어려웠다. 적어도 그녀에게 예수님은 '우리를 미워하시고 우리의 고통에 책임이 있으신 분'이었다.

이런 증오의 뿌리는 먼 길을 거슬러 올라간다. 4세기에 살았던 교부이자 성자로 간주되는 존 크리스토스톰(John Chrystostom)은 이렇게 기록했다.

'유대인들은 모든 이들 중 가장 가치가 없는 사람들이다. 이들은 호색적이고, 탐욕스럽고, 폭력적이다. 이들은 그리스도의 살인자들이다. 유대인들은 그리스도를 죽인 끔찍한 자들이고 하나님을 죽였으므로 이들에게 가능한 속죄나 유예나 용서가 없다. 기독교인들은 절대 복수를 멈추어서는 안되고, 유대인들은 영원히 노예 상태로 살아야 한다. 하나님은 항상 유대인들을 미워하셨다. 기독교인들에게 유대인들을 미워하는 것은 의무다.'[1]

---

1 '유대인들에 대한 논박 강론집(Homilae Adversus Iudaeos)'. 존 크리소스톰(John Chrysostom, 307-407)은 안디옥에서 수사학에 큰 재능을 가진 설교가였다.

콘스탄틴이 312년 기독교를 로마 왕국의 공식 종교로 선포했을 때 그는 많은 반유대적 법령들을 발표했다. 유대인들은 개종자를 받아들이는 것이 금지되어 있었는데 유대인들이 유대교를 저버리도록 하는 온갖 조치가 시행되었다.

325년 니케아 회의에서 그는 '우리의 이성이 동의하는 것을 요구하는 것이 옳다. 우리는 유대인들과 어떤 공통점이라도 가져서는 안 된다'고 이야기했다. 기독교와 유대교 사이의 연관점들은 깨지기 시작했다. 안식일이 일주일의 칠일 째가 아닌, 첫날로 옮겨지고 부활절은 유월절과 분리되었다.

로마 카톨릭 형태의 기독교가 유럽을 지배하는 종교가 됨으로 이것을 거부하는 이들은 반그리스도적 세력이 되어버렸다. 이 반대자들 중 주요 집단은 유대인들이었는데 이들은 교회에 의해 지속적 고통을 받아야 하는 '반그리스도'세력으로 간주되었다.

613년 스페인에서 세례(침례) 받기를 거부하는 모든 유대인들은 나라를 떠나야만 했다. 그후 몇 년이 지나자 남아 있는 유대인들조차 소유물을 모두 빼앗겼고 부유하고 경건한 기독교인들의 노예로 주어졌다.

1096년 첫 번째 십자군은 무슬림들로부터 '성지'를 해방하기 위한 여정을 시작하며 유대 공동체에 대한 맹렬한 핍박을 가했다.

이들은 '우리는 팔레스타인에서 그리스도의 적들(즉 무슬림들)과 싸우려고 한다. 그러나 우리 가운데 있는 그분의 적들(즉 유대인들)을 잊을 수 있겠는가?'고 이야기했다. 라인(Rhine) 강가 주변 도시들에서만 만 이천 명의 유대인들이 죽임을 당했다.

1099년 십자군이 예루살렘을 점령했을 때 이들은 만나는 모든 유대인들과 무슬림들을 학살했다.

1215년 이노센트 3세(Innocent III) 교황은 유대인들을 영원히 노예로 삼을 것을 선언하며 다음과 같이 선포했다.

'유대인들을 향하여 울부짖는 예수그리스도의 피로 인해 유대인들은 죽임을 당하지 않더라도, 기독교인들이 신성한 율법을 잊지 않도록 이들은 얼굴이 모욕으로 뒤덮힐 때까지 세계의 부랑자로 남아 있어야 한다.'

유대인 공동체를 대상으로 한 첫 번째 종교적 살인 고발은 1144년 노르위치(Norwich)에서 유대인들이 기독교인 어린이를 죽여 그 피를 유월절 무교병을 만드는데 사용했다고 누명을 씌움으로 발생했다. 유대인들의 학살로 이어지는 이러한 터무니없는 비난은 계속해서 발생했고, 최근엔 무슬림 세계에서도 일어나고 있다.

1290년 에드워드 1세(Edward I) 왕은 모든 유대인들을 잉글랜드에서 쫓아내었다.

1478년 스페인 종교재판이 이단들, 유대인들과 카톨릭 신자가 아닌 기독교인들을 대항해 일어났다. 1492년 유대인들은 스페인에서 강제 세례(침례)를 받을 것인지 아니면 쫓겨날 것인지 선택하도록 강요 당했다. 이로 인해 30만 명의 유대인들은 한 푼도 소유하지 못한채 떠나야 했다.

마르틴 루터(Martin Luther)는 처음에 유대인들이 로마의 우상숭배와 박해를 받아들일 수 없음을 간파하고, 그의 개신교적 신앙으로 유대인들을 이끌기를 희망했다. 그러나 유대인들이 이를 거부하자 이들로부터 등을 돌리고, 나치들이 후에 자신들의 선전에 그대로 사용했던 증오의 언어들을 퍼부었다.

'우리 기독교인들은 이 저주받고 버림받은 민족인 유대인들을 어떻게 다루어야 할 것인가?

첫째, 회당을 불태워야 한다.

둘째, 이들의 집들은 부서지고 무너져야 한다.

셋째, 이들로부터 기도책들과 탈무드들을 빼앗아야 한다.

넷째, 랍비들에게 죽음의 공포를 주어 더 이상 가르치지 못하도록 해야 한다.

다섯째, 유대인들로부터 여권이나 여행의 권리를 모조리 박탈해야 한다.

여섯째, 이들이 이자를 받지 못하도록 해야 한다.

일곱째, 젊고 건강한 유대인 남자들과 여자들에게 도리깨와 도끼와 삽과 실패와 가락을 주어 이들의 콧등에서 흐르는 땀으로 스스로 밥값을 벌도록 해야 한다.

요약하자면, 유대인들을 자신의 소유로 가지고 있는 왕들과 귀족들은 나의 이러한 충고마저 충분하지 않다면 더 나은 방법을 찾아서라도 이 악마직인 유대인들로부터 자유해야 한다.'[2]

19세기 말 러시아 정교회는, 유대 공동체를 소재로한 영화 '지붕 위의 바이올린'에서 나온 종류의 무력적 공격을 감행했다. 이들은 '유대인 문제'에 대한 해결을위해 다음과 같이 조치했다. - 삼분의 일의 몰살, 삼분의 일의 기독교 강제 개종, 삼분의 일의 추방.

러시아 반 유대주의자들은 사실에 근거를 두지 않는 책자, '시온 장로들의 협약들(The Protocols of the Elders of Zion)'을 출판했는데, 유대인들의 세계를 정복하기 위한 음모를 단언하는 것이었다.

이 말도 안되는 이야기는 나치에 의해 증명된 사실로 간주되었고 '최후의 해결,' 즉 홀로코스트(Holocaust)의 아궁이 속에서 육백만 유럽 유대인들의 제거하기 위해 사람들을 준비시키기 위해 음모를 꾸민다는 내용이다.

유대인들이 겪은 고통에 대한 이같은 간략한 역사는 대부분 소위 기독교인이라고 주장하는 사람들에 의해 저질러졌다는 끔찍한 사실을 보여 준다. 교회가 유대인들을 고발한 주요한 이유는 '유대인이 예수님을 죽였다'는 것이었다.

---

2 '유대인과 그들의 거짓말에 대하여 (Concerning the Jews and their lies)'. 마르틴 루터 (Martin Luther, 1483-1546), 독일 종교 개혁의 창시자

누가 유대인들이 예수님을 죽였다고 이야기하는가?

1978년 나는 런던 북쪽의 정통파 유대인 학교인 '하스모니안(Hasmonean)' 학교에서 프랑스어 교사로 재직했다.

어느날 결근한 교사를 대신하게 되었는데, 교실에서 학생들에게 자습시키며 할 일을 하고 있을 때 한 학생이 손을 들더니 이렇게 이야기했다.

'선생님, 질문이 있습니다. 당신은 기독교인입니다. 당신 같은 기독교인들은 왜 우리가 예수님을 죽였다고 이야기하지요?'

나는 많은 교회가 믿음과 예수님께서 정말 어떤 분이심을 잘 이해하고 있지 못하기 때문에 그렇게 이야기한다고 답변했다.

이 문제는 그들에겐 큰 이슈였기에 격렬한 질문들과 의견들이 쏟아졌다. 이 토론에 대한 소식은 학교 내의 랍비들에게까지 이르렀고 다음 날 이 중 한 명이 나를 찾아와 '피어스(Pearce) 선생님, 우리는 당신이 신실한 기독교인이고 우리 민족에게 호의적임을 압니다만, 우리 학교에서 다시는 기독교의 기초이신 예수님에 대해 언급하지 말아 주십시오'라고 이야기했다.

내가 후에 이것을 위해 기도할 때 유대인들이 예수님의 이름으로 핍박 받아 온 것에 대해 마음 가운데 큰 상처가 있음을 발견하게 되었다. 또한, 수 세기 동안 소위 예수님을 따르는 자들에 의해 유대인들을 대상으로 저질러온 잘못된 행동들이 예수님과 예수님 백성 사이의 큰 벽을 쌓았고, 이로 인해 또한 얼마나 마음이 아프셨을지 알게 되었다.

신약 성경의 첫 구절은 우리에게 이렇게 이야기한다.

'아브라함과 다윗의 자손 예수 그리스도의 계보라'(마 1:1). 이렇듯 신약 성경을 걸쳐 예수님의 유대적 정체성이 강조된다. 그는 8

---
3 토라 - 펜타튜흐(Pentateuch)로도 알려진 성경의 처음 다섯책. 유대교에서 성경의 가장 중요한 부분으로 간주되고 매년 회당에서 전부가 낭독된다.

일 만에 할례를 받으시고(눅 2:21), 전통을 지키는 유대인 가정에서 성장하셨으며(눅 2:41) 그리고 어릴 때부터 토라³를 배우셨다(눅 2:46-49).

그는 사마리아 여인에게 '구원이 유대인에게서 남이라'(요 4:22)고 말씀하셨고 그리고 유대 절기들을 지키셨다(요 7:2; 10:22). 그는 그의 제자들의 첫 번째 전도 사명 가운데 이방인들에게 가지 말고, '오히려 이스라엘 집의 잃어버린 양에게로 가라'(마 10:6)고 말씀하셨다.

물론 그는 당시의 종교 지도자들과 맹렬한 논쟁을 벌이셨지만, 히브리 선지자들, 즉 이사야, 예레미야, 아모스 그리고 다른 이들도 역시 그러했다.

예수 그리스도의 십자가에서 죽으심과 관련해 신약 성경은 '유대인들'을 비난하지 않고, 유대인들의 다음 세대들이 이것으로 말미암아 핍박받아야 한다고 말하고 있지도 않다. 요한복음에 예수님을 반대하던 이들을 묘사하는 단어 '유대인'과 관해 의문이 제기되지만, 본문을 잘 읽어보면 요한은 유대 종교 지도자들을 지칭하는 것이지 모든 유대인들을 이야기하지 않는다는 것을 보여 준다.

> '유대인들이 이로 말미암아 더욱 예수를 죽이고자 하니 이는 안식일을 범할 뿐만 아니라 하나님을 자기의 친아버지라 하여 자기를 하나님과 동등으로 삼으심이러라'(요 5:18)

복음서가 예수님과 제자들이 유대인임을 분명히 하고 있으므로 요한복음 5:18과 다른 복음서의 '유대인'이라는 명칭은 모든 유대 민족을 의미하지 않는다. 이것은 유대 종교 지도자들을 의미한다.

요한은 여러 방식으로 예수님의 가르침과 유대 절기와 풍습 사이의 연관성을 보여주는 가장 유대적인 복음서이다. 요한복음에서 예수님은 당신의 죽음에 누가 책임이 있는지 분명히 말씀하신다.

'내가 내 목숨을 버리는 것은 그것을 내가 다시 얻기 위함이니 이로 말미암아 아버지께서 나를 사랑하시느니라 이를 내게서 빼앗는 자가 있는 것이 아니라 내가 스스로 버리노라 나는 버릴 권세도 있고 다시 얻을 권세도 있으니 이 계명은 내 아버지에게서 받았노라 하시니라'(요 10:17-18)

이 구절의 의미는 분명하다. 예수님 스스로가 당신 자신의 죽음에 대해 책임을 지신다. 예수님의 죽음은 그가 세상의 죄를 위한 속죄물로서 죽으시고 그를 영접하는 이들에게 영원한 생명을 주시기 위해 죽음에서 부활하심으로 아버지의 뜻을 성취하시려고 당신이 선택하신 시간과 방법대로 일어났다. 유대인이든 이방인이든, 어떤 인간도 예수님의 생명을 빼앗을 권리나 힘을 가지고 있지 않다.

이것은 이사야 53장의 예언을 성취한 것인데 이사야는 메시아의 고난과 관련해 이렇게 언급한다.

'여호와께서 그에게 상함을 받게 하시기를 원하사 질고를 당하게 하셨은즉'(사 53:10)

제7장에서 우리는 이 예언에 대한 다른 논쟁들을 살펴볼 것이지만, 이것이 예수님 안에서 성취된 메시아의 대속적 죽음에 대한 것이라는 관점에서 볼 때 메시아의 고난에 대한 책임은 하나님이 지신다. '여호와께서 그에게 상함을 받게 하시기를 원하사'는 예수님께서 하나님의 뜻을 성취하시기 위해 죽음에 이르셨다는 것을 의미한다.

우리는 복음서들이 예수님께서 세상을 구속하시기 위해 하나님의 뜻에 당신을 복종시키셨다는 것을 알고있다. 예수님께서는 겟세마네에서 이렇게 기도하셨다.

'… 내 아버지여 만일 할 만하시거든 이 잔을 내게서 지나가게 하옵소서 그러나 나의 원대로 마시옵고 아버지의 원대로 하옵소서…' (마 26:39)

'이 잔'은 장차 있을 고난을 의미한다. 예수님께서 '세상 죄를 지고 가는 하나님의 어린 양'(요 1:29)이 되기 위해 이 고난을 겪는 것이 필요했다.

히브리서에 의하면 우리는 '새 언약의 중보자이신 예수와 및 아벨의 피보다 더 나은 것을 말하는 뿌린 피'(히 12:24)로 오도록 초대받았다. 아벨의 피는 가인이 저지른 살인의 죄에 대한 징벌(창세기 4장)을 언급하지만, 예수님의 피는 자비와 용서를 이야기한다.

그러나 잘못된 교회의 가르침은 이것을 거꾸로 해석하여 마태복음의 구절 '그 피를 우리와 우리 자손에게 돌릴지어다(마 27:25)'를 사용해, 유대인들의 고난은 스스로 자초한 저주의 결과이며 그러므로 기독교인들조차 예수님의 이름으로 유대인들을 핍박하는 것이 정당하다고 주장해 왔다.

이것은 진리와는 너무나 다른 주장이다. 예수님 스스로 십자가 상에서 '아버지여 저들을 사하여 주옵소서 자기들이 하는 것을 알지 못함이니이다'(눅 23:34)라고 기도하셨는데, 이것은 그들이 유대인이든 이방인이든 간에 예수님의 죽음에 책임 있는 자들까지 그의 이름으로 용서를 받을 수 있다는 하나님의 계획을 나타낸 것이다. 화를 내는 군중들의 말을 신학의 기반으로 삼을 수 있는가? 우리 신앙의 기반은 주 예수님의 말씀이 되어야 한다.

예수님의 기도에 대한 응답은 후에 사도들의 설교에서 발견된다. 베드로는 예수님의 십자가형을 주장했던 이들에 대해 예수님의 죽음에 대한 인간적 책임을 지운다.

'아브라함과 이삭과 야곱의 하나님 곧 우리 조상의 하나님이 그
의 종 예수를 영화롭게 하셨느니라 너희가 그를 넘겨 주고 빌라
도가 놓아 주기로 결의한 것을 너희가 그 앞에서 거부하였으니
너희가 거룩하고 의로운 이를 거부하고 도리어 살인한 사람을
놓아 주기를 구하여 생명의 주를 죽였도다 그러나 하나님이 죽
은 자 가운데서 그를 살리셨으니 우리가 이 일에 증인이라' (행
3:13-15)

   이것은 당시 살아 있던 모든 유대인들이 책임이 있다고 말하는 것이 아니다. 왜냐하면 예수님의 추종자들 모두가 유대인이었던 것처럼 베드로 자신도 유대인이었기 때문이다. 이것은 예수님의 죽음을 부르짖었던 결정과 아무 상관없는 다음 세대들이 책임을 져야 한다고 이야기하는 것은 더욱 아니다.
   이것은 당시 살아 있던 사람 중, 베드로가 이야기하는 것을 바로 그 때 실제로 듣고 있는 이들 가운데 책임 있는 자들이 있다는 것이다.
   그러나 심지어 이들에게조차 소망과 용서의 소식이 있다. 예수님의 죽음과 부활의 의미를 설명하며 베드로는 이야기하기를,

'형제들아 너희가 알지 못하여서 그리하였으며 너희 관리들도
그리한 줄 아노라 그러나 하나님이 모든 선지자의 입을 통하여
자기의 그리스도께서 고난 받으실 일을 미리 알게 하신 것을 이
와 같이 이루셨느니라 그러므로 너희가 회개하고 돌이켜 너희
죄 없이 함을 받으라…' (행3:17-19)

   예수님의 죽음을 촉구했던 사람들은 정의를 실행하지 못함에 대한 책임이 있다. 그러나 이들은 예수님의 죽음에 대한 영적인 의미에 대해 알지 못했기에 예수님께서 '자기들이 하는 것을 알지 못함이니이다'고 말씀하신 것이다. 사도들의 설교의 목적은 이들에게 왜

예수님께서 죽으시고 부활하셨음을 말해 주고, 이들도 역시 죄를 고백하고 그의 이름을 믿으면 용서와 영원한 구원을 발견할 수 있다는 것을 보여 주기 위함이었다.

사도행전 초반부에서 이 설교를 듣는 모든 이들과 여기에 응답하는 수천 명의 사람들이 유대인임으로, 예수님을 십자가에 못박은 이들을 향한 예수님의 기도는 응답되었다.

복음서의 내용은 처음부터 '모든 믿는 자에게 구원을 주시는 하나님의 능력이 됨이라 먼저는 유대인에게요 그리고 헬라인[이방인]에게로다'(롬 1:16)가 되도록 의도되었다.

유대인과 이방인 모두 메시아께서 이루신 구원을 믿을 것인지 아니면 거절할 것인지 선택해야 했다. 물론 많은 유대인이 사도들의 가르침을 거절했지만, 정확히 같은 현상이 세상의 누구든 어떤 혈통에 속해있든 상관없이 동일한 가르침이 선포될 때 나타난다.

예수님의 시대 때 유대인들 사이에서도 예수님을 지지할 것인지, 아니면 예수님을 거부할 것인지 분열이 있었다. 오늘날 복음이 선포되는 어느 곳에서든 모든 민족 사이에서도 동일한 현상이 발생한다.

예수님의 죽으심에 대해 정말 누구에게 책임이 있는지 우리에게 분명히 이야기하는 말씀은 사도행전 4:24-28에 기록되어있다.

'그들[사도들]이 듣고 한마음으로 하나님께 소리를 높여 이르되 대주재여 천지와 바다와 그 가운데 만물을 지은 이시요 또 주의 종 우리 조상 다윗의 입을 통하여 성령으로 말씀하시기를 어찌하여 열방이 분노하며 족속들이 허사를 경영하였는고 세상의 군왕들이 나서며 관리들이 함께 모여 주와 그의 그리스도[메시아]를 대적하도다 하신 이로소이다. 과연 헤롯과 본디오 빌라도는 이방인과 이스라엘 백성과 합세하여 하나님께서 기름 부으신 거룩한 종 예수를 거슬러 하나님의 권능과 뜻대로 이루려고 예정하신 그것을 행하려고 이 성에 모였나이다'

이 기도에는 모든 종류의 사람들이 관련되어있는데 헤롯과 본디오 빌라도와 더불어 이방인들과 이스라엘 백성이다. 이방인들은 이스라엘 백성 전에 언급되는데, 그러므로 이방인들은 유대인들에게 어떠한 우월성이나 단정적 태도를 취할 어떠한 권리도 없다.

예수님을 십자가에 못박은 외형적 행동은 로마 총독의 명령으로 로마 군인들에 의해 로마 식으로 실행된 것이 분명하다. 이상하게도 어느 누구도 이탈리아 사람들이 예수님을 죽였고 이것으로 인해 저주 아래 있어야 한다고 주장하지 않는다!

이 모든 것이 '하나님의 권능과 뜻대로 이루려고 예정하신 그것을 행하려고' 일어났다. 다른 말로 하면 하나님의 미리 결정하신 계획을 성취하기 위해 발생했다. 반복하자면 예수님의 죽음에 대한 궁극적 책임은 그 계획들을 성취하기 위한 하나님께 있다.

유대인들에 대한 교회들의 어떠한 핍박도 진리에 대한 무시무시한 왜곡이고 실제 메시아이신 예수님에 대한 배반이다. 불행하게도 교회는 바울이 로마에게 보내는 서신에서 가르친 것과 정 반대로 행했는데 이스라엘과 유대인들이 '감람 나무'를 지탱하는 뿌리라고 이야기한다.

그는 기독교의 믿음이 유대 성경에서 유대인들을 통해 세상에 주어진 계시에 근거하고 유대 메시아에 의해 성취된다는 것을 의미한다. 예수님의 교훈은 신약 성경을 기록했던 유대인 제자들에 의해 이방인들에게 전달되었다.

그러므로 기독교인들이 진실된 영적 생명을 가지기 원한다면 이스라엘에 진 빚을 인정하고 유대인들에 대한 사랑으로 이 빚을 갚아야 한다.

심지어 바울은 대부분의 유대인들이 예수님을 메시아로 인정하지 않았던 것이 결과적으로 이방인들에게 이득이 되었기에 이방인 기독교인들은 자신들의 믿음에 유대인들이 관심을 가지게 하기 위해 최선을 다해야 한다고 이야기한다.

> '그러므로 내가 말하노니 그들이 넘어지기까지 실족하였느냐 그럴 수 없느니라 그들이 넘어짐으로 구원이 이방인에게 이르러… 그들의 넘어짐이 세상의 풍성함이 되며… 하물며 그들의 충만함이리요 내가 이방인인 너희에게 말하노라 내가 이방인의 사도인 만큼 내 직분을 영광스럽게 여기노니 이는 혹 내 골육을 아무쪼록 시기하게 하여 그들 중에서 얼마를 구원하려 함이라'
> (롬 11:11-14)

바울은 계속해서 분명히 말한다.

유대인들이 예수님을 받아들이든 그렇지 않든, 이들은 여전히 '조상들(즉, 이스라엘의 족속들과 하나님께서 이들과 맺은 언약)로 말미암아 사랑을 입은 자'인데, 왜냐하면 '하나님의 은사와 부르심에는 후회하심이 없기' 때문이다(롬 11:28-29).

기독교인들은 유대인들이 예수님을 믿건 믿지 않건 간에 이들을 사랑하고 정의와 친절로 대할 책임이 있다.

중요한 것은 바울이 이 서신을 수 세기동안 기독교의 중심이 되는 로마 제국의 수도인 로마에 살고있는 기독교인들에게 썼다는 것이다.

그렇다면 무엇이 잘못되었는가?

교회에 많은 수의 이방인들이 유입되며, 예수님을 믿는 유대인들은 소수가 되었다. 기독교인들은 예수님과 사도들에 의해 신약 성경에 주어진 삶의 방식으로부터 떠나 원래 모습과 동떨어진 종교적 단체를 형성했다.

기독교인들은 또한 70년과 135년 로마를 반대한 유대인들의 반란이 실패한 이후 유대인들에 대해 적의를 가진 로마 당국의 환심을 사기 원했다. 로마 제국의 몰락에 뒤이어 로마 카톨릭은 유럽에서 우세한 세력으로 부상하였고, 로마 주교는 교황이 되었고 로마 황제의 대부분의 권력과 지위를 차지하게 되었다(심지어 황제의 칭호 중 하나인- 대제관[Pontifex Maximus])을 사용했다. 엄청난 양의 부와 권력을 가진 한 타락한 성직자는 기독교의 이름으로 유럽인들을 착취하고 망가뜨렸으며 기독교 메시지의 비극적 왜곡을 가져왔다.

만약 로마 교회가 로마서에 주의를 기울였다면 얼마나 상황이 달라졌을까!
교회가 유대인들에 대한 로마서의 이해를 잃어버렸기 때문에 그 뿌리로부터 잘려 나갔다. 그후 교회의 열매는 성령의 열매, '사랑과 희락과 화평과 오래 참음과 자비와 양선과 충성과 온유와 절제'(갈 5:22-23)가 아닌, 중세 시대와 그 이후의 잔인하고 타락한 교회에 나타난 육체의 열매였다.

내가 학생이었을 때 버나드 말라무드(Bernard Malamud)의 책 '수선공(The Fixer)'을 읽었는데, 이 책은 나의 기억에 좋게 남아 있다. 이 책에서 러시아 제국에 살고 있는 유대인 야코브 복(Yakov Bok)은 살인으로 누명을 쓰고 감옥에 갇혔다.
이런 일은 19세기말 러시아에서 반유대주의의 영향으로 자주 일어나는 전형적인 현상이었다. 당국은 야코브를 심문하면서, 그를 기독교로 강제 개종시키기 위해 러시아 정교회를 개입시켰다. 러시아 정교회는 그에게 신약 성경을 읽도록 주었고 그는 그대로 했다. 러시아 정교 사제가 야코브가 신약 성경으로부터 무엇을 배웠는지 심문할 때 그는 간단히, '예수님은 유대인입니다. 그러므로 유대인을 미워하는 사람은 예수님을 미워합니다'고 이야기했다. 이것은 사실이다. 유대인들을 향한 증오는 무력, 가혹, 혐오의 영을 보여주는 것인데, 이런 것들은 메시아 예수님의 진실된 영과는 반대되는 것이다.

제 3 장
밤을 넘어서

1970년대에 닉키와 나는 정치적으로 좌파 성향의 정치그룹에 속한 사람들을 찾아가 우리의 믿음에 관해 이야기하곤 했다.

우리는 유대 사회주의자들 몇 명과 친구가 되었는데 이들은 우리를 '영 마팜(Young Mapam),' 즉 사회 시온주의 모임에 초대했다. 강연자는 히암 막코비(Hyam Maccoby)라 불리는 사람이었는데 로마에 대항한 유대 혁명 지도자로서의 예수님에 관해 이야기를 했다.

우리는 연설 후 토의에 열정적으로 참여했고 이 모임의 다른 구성원들이 의미 있는 문학 작품을 같이 읽는 다른 모임으로 우리를 초대했다. 이 모임에서 우리는 아우슈비츠(Auschwitz)를 직접 겪고 쓴 엘리 위젤(Elie Wiesel)의 '밤[Night]'이라는 책을 읽었다.

책을 읽고 난 후 어떤 이가 우리에게 '육백만 명이 죽임을 당할 때 하나님은 어디에 계셨습니까?'라고 물었을 때 정말 어떤 대답도 할 수 없었다. 그래서 스스로 '밤'을 읽고 이 문제에 대해 고민하기로 했다.

'밤'을 읽고 난 후 나의 첫째 반응은 '이미 홀로코스트 이후에 태어나고 유대인의 피가 흐르지 않는 내가, 정말 끔찍하고 나의 삶의 경험과는 비교도 안 되며 너무나 고통스러운 이 비극에 관해 쓸 자격이나 있는가?' 하는 것이었다.

이에 대한 대답은 명확했다.

'이 책에 제시된 질문들에 대해 답변을 줄 수 없다면 어떻게 네가 예수님께서 해답이라고 주장할 수 있는가?'

이 절망을 가장 잘 나타내고 있는 문장은 '밤'에서 소년인 저자가 처음으로 아우슈비츠의 수용소인 버케나우(Birkenau)를 볼 때이다.

'불길이 구덩이로부터 치솟아 올랐다. 거대한 불길이다. 이들은 뭔가를 태우고 있었다. 구덩이로부터 끌어 뭔가 올려 트럭에 싣고 있었다 - 아기들이다! 그렇다, 나는 보았다 - 나는 나의 눈으로 직접 보았다… 불구덩이 속의 그 작은 아이들을 (이후에 내가 잠을 이루지 못한 것이 놀라운 일인가? 잠은 나의 눈으로부터 멀리 사라졌다).

내가 그 저녁을, 나의 삶을 일곱 번 저주하고 일곱 번 봉한 길고 긴 밤으로 바꾸어 버린 수용소에서의 첫날 밤을 어찌 잊을 수 있으랴. 내가 아이들의 작은 얼굴을, 고요한 파란 하늘 아래 연기의 화환으로 변한 그 시신들을 어찌 잊을 수 있으랴. 나의 믿음을 영원히 앗아가 버린 그 불꽃을 내가 어찌 잊을 수 있으랴. 나로부터 영원히 살고자 하는 희망을 가져가 버린 그 야간의 고요를 어찌 잊을 수 있으랴. 나의 하나님과 나의 영혼을 살해하고 나의 꿈들을 산산이 조각낸 그 순간들을 어찌 잊을 수 있으랴. 내가 하나님 당신과 같이 영원히 살도록 저주받을지언정 이러한 일들을 어찌 잊을 수 있으랴. 결코 아니다.'[4]

그렇다면 하나님은 어디에 계셨는가?
이러한 끔찍한 악이 저질러질 때 의로우신 하나님, 인류를 사랑하시고 돌보시는 하나님이란 개념을 믿는 것이 여전히 가능한가?
이러한 질문에 대면하는 것은 단지 학문적 실습 이상의 것이다. 잔인한 독재자들, 강제 수용소들, 고문, 말로 할 수 없는 사악함이 여전히 지구 곳곳에서 권세를 잡고 있고 성경이 경고하는대로 마지막 때에 악한 이들이 더욱 악하게 되어 결과적으로 세상 모두가 히틀러가 선조격인 적그리스도의 권세 아래 놓이게 될 것이다.

---

4 Elie Wiesel, Night (Penguin version), pp. 44-45.

누구에게 책임이 있는가?

첫 번째 질문은 '죽음의 수용소들과 나치에 의한 학살은 누구의 책임인가? 하나님인가, 아니면 사람인가?' 하는 것이다. '밤'에서 엘리 위젤은 유대 절기 동안 하나님께 예배를 드리던 수용소 안의 경건한 유대인들을 묘사한다. 이것은 그가 이러한 죽음의 수용소들이 존재하도록 허락하신 것과 관련해 하나님께 격노하도록 한다.(참고로 엘리 위젤은 현재 정통파 유대인이므로 여기서 묘사되는 관점은 그가 어린이로서 직면했던 참사에 대한 그의 반응을 보여줄 뿐이지 그가 현재 가지고 있는 의견은 아니다.)

'수천의 목소리들이 축복을 반복했다. 수천의 사람들이 마치 폭풍우 앞의 나무들처럼 엎드렸다.
"영원하신 이의 이름에 축복이 있을지어다!"
왜, 아니 왜 나는 그를 축복해야 하는가? 나는 온 힘을 다해 반항했다. 그는 그 구덩이에서 수천 명의 아이가 불에 타도록 하지 않았는가? 그는 밤낮으로, 일요일과 절기 때까지 화장터가 타오르도록 하지 않았는가? 그의 위대한 힘으로 아우슈비츠, 버케나우, 버나(Buna)외에도 많은 죽음의 공장들을 만들지 않았는가?'[5]

이것은 수용소들의 거대한 고통에 대한 매우 이해할 만한 반응이다. 하나님은 우주를 다스리셔야한다. 악과 잔인함의 피해자가 된 사람이었다. 하나님께서는 아무것도 하지 않는 것처럼 보인다. 그러므로 하나님은 악에 대해 책임이 있거나, 아니면 무관심하신 것이고 능력이 없으신 것이다.

그러나 하나님은 아우슈비츠나 어떠한 죽음의 공장들을 만들지 않으셨다. 그 사상과 실천에 있어서 인류의 역사에서 지금까지 볼

---

5 Elie Wiesel, Night (Penguin version), pp. 44-45. p. 78.

수 없었던 규모로 하나님을 대항해 반역을 일삼은 이념인 나치주의가 동기가 된 이들이 저지른 것이다.

하나님은 아우슈비츠를 만드시지 않으셨다. 하나님은 인류가 서로 평화와 조화 가운데 살도록 완벽하게 만드셨다. 그러나 타락 이후(창3장), 죄가 인류를 다스리게 되었고 하나님을 적대시하는 사탄이 인류에게 영향을 미쳐 하나님의 명령을 불순종하도록 했다. 우리는 가인이 아벨을 들판으로 몰아 살인한 것부터 시작해 수용소와 현 시대의 무시무시한 파괴의 무기에 이르기까지 많은 시간을 지나 왔다. 그럼에도 불구하고 원칙은 동일하고 문제도 역시 동일하다. 인류의 마음에 존재하는 죄, 성경은 이렇게 이야기한다.

'만물보다 거짓되고 심히 부패한 것은 마음이라' (렘 17:9)

'속에서 곧 사람의 마음에서 나오는 것은 악한 생각 곧 음란과 도둑질과 살인과 간음과 탐욕과 악독과 속임과 음탕과 질투와 비방과 교만과 우매함이니 이 모든 악한 것이 다 속에서 나와서 사람을 더럽게 하느니라' (막 7:21-23)

… 유대인이나 헬라인 [이방인]이나 다 죄 아래에 있다고 우리가 이미 선언하였느니라 기록된 바 의인은 없나니 하나도 없으며… 하나님을 찾는 자도 없고 다 치우쳐 함께 무익하게 되고 선을 행하는 자는 없나니 하나도 없도다… 그 발은 피 흘리는데 빠른지라 파멸과 고생이 그 길에 있어 평강의 길을 알지 못하였고' (롬3:9-12, 15-17)

20세기의 역사는 이러한 인류 상태에 대해 정확히 증거하고 있다. 많은 사람이 인류 내면의 선함과 본성의 완전성과 과학과 교육과 정치의 진보를 통해 오게 될 평화와 번영과 관용의 황금시대에 대해 신뢰를 두기 시작할 때, 타락한 인류의 극단적인 악함이 나타났다는 것은 중요하다.

또한 이러한 극단적인 악함은 유럽 문화에 크게 기여하고, 문화를 선도했던 19세기의 작가들과 철학자들이 활동하던 당시 일어났다. 이들 대부분은 하나님을 거부하고 자신의 힘으로 구원할 수 있는 능력을 신뢰했다.

오히려 나치 홀로코스트와 같은 일들은 성경의 하나님에 대해 믿음이 아닌 긍정적 인본주의에 대해 믿음이 깨지도록 해야 하는 것이 아닌가? 이것이 나치 점령 동안 파리로부터 유대인 아이들이 기차로 실려 가는 것을 본 프랑스 저술가 프랑소아즈 마우리악(Francois Mauriac)이 '밤'의 추천서로 쓴 내용이다.

'서양의 한 남자가 18세기에 품었던 꿈 – 1789년 그 조짐 [프랑스 혁명]을 보았다고 생각했다. 1914년 8월 2일[제1차 세계대전의 시작] 전까지 계몽주의와 과학의 발달로 이 꿈은 더욱 실제가 될 것 같았다. 하지만 열차로 실려 가는 작은 소년들의 모습 앞에 끝내 사라져 버렸다.'[6]

나치들과 하나님

나치 대학살에 대해 하나님을 비난하는 사람들은 나치 사상의 뿌리에는 유대교뿐만 아니라 성경의 하나님과 기독교에 대한 깊은 증오가 있다는 것을 알아야 한다. 이러한 연관성 가운데 '하나님이 죽었다'고 처음으로 주장한 독일의 철학자 프리드리히 니체(Friedrich Nietzsche)의 주장을 염두에 두는 것은 흥미롭다.

---

6   Elie Wiesel, Night (Penguin version), pp. 7-8.

'북유럽의 강성한 혈통들이 기독교 하나님을 부인하지 않았다는 것은 이들이 종교에 대한 소질이 없음을 보여준다.'[7]

'[기독교 하나님의 개념에 대해 이야기하며] 과반수의 하나님, 신들 중 민주주의를 옹호하는 분[주의: 니체는 민주주의를 혐오했다]은 떳떳한 이교도 신이 되지 못했다. 그는 구석진 곳의 신, 모든 어두운 장소의 신, 온 세계의 모든 불결한 곳의 신으로 남아 있다.'[8]

선이 무엇인가?
권력의 느낌을 증가시켜 주는 모든 것, 권력에 대한 의지, 사람 안에 있는 능력 그 자체이다.

악이 무엇인가?
허약함으로부터 비롯되는 모든 것이다.

행복이 무엇인가?
능력이 증가함을 느끼거나, 저항을 극복했음을 느끼는 것이다. 만족이 아닌 더 큰 권력, 평화가 아닌 전쟁, 미덕이 아닌 진보. 약하거나 아픈 것들은 사라져야 한다. 이것이 우리의 박애주의의 첫 번째 원칙이다. 모든 이는 이를 따라야 한다.

어떤 악보다도 가장 해로운 것이 무엇인가? 약하고 병든 것을 돕는 기독교.'[9]

'기독교는 동정의 종교로 불린다. 동정은 삶의 감정의 활력을 끌어 올리는 정서에 정반대로 작용한다. 이것은 우울한 효과를 가져온

---

7 Nietzsche, The Antichrist (Penguin version), p. 2.
8 Nietzsche, The Antichrist (Penguin version), p. 7.
9 Nietzsche, The Antichrist (Penguin version), p. 17.

다. 대체로 동정은 선택의 원칙인 진화론의 법칙에 방해가 된다. 이 것은 파멸할 자들을 위해서 존재한다. 이것은 생명을 빼앗기고 저주 받은 것들을 옹호한다.'[10]

19세기 독일 무신론의 이런 철학은 분명히 나치 사상과 영적 관계를 맺는다. 강하고 자비가 없는 나치 친위대들이 벌거벗은 사람들을 죽기까지 일할 건강한 이들과 가스실로 끌려갈 연약한 이들로 분류하는 것을 보며 니체는 무슨 생각을 할까? 현대 세계는 누구를 요구할까? 강퍅하고 매정한 반기독교적 사람들? 아니면 니체가 그토록 무시했던 이를 따르는 사람들? 예수님은 이야기하시길,

'심령이 가난한 자는 복이 있나니 천국이 그들의 것임이요. 온유한 자는 복이 있나니 그들이 땅을 기업으로 받을 것임이요. 긍휼히 여기는 자는 복이 있나니 그들이 긍휼히 여김을 받을 것임이요. 화평하게 하는 자는 복이 있나니 그들이 하나님의 아들이라 일컬음을 받을 것임이요.'
(마 5:3-9; 산상수훈)

히틀러가 어떤 종류의 사람들을 원했는지 의심의 여지가 없다. 그는 '기독교와 매독을 알지 못한 옛날이 지금보다 낫다'라고까지 이야기했다. 그가 기독교를 거절한 주요한 이유들은 다음과 같다.

1. 기독교는 약하고 낮은 모든 것들과 함께 하는 종교였다.
2. 기독교는 근본적으로 유대적이고 동양적이다. '기독교인들은 교회 종소리에 허리를 숙이고 이방 신의 십자가에 굽실거린다.'
3. 이 종교는 2000년 전, 삶에 대한 믿음을 잃어버린 아프고 절망한 이들 가운데 시작되었다.
4. 기독교의 죄에 대한 용서, 부활, 그리고 구원의 개념은 정말

---

10 Nietzsche, The Antichrist (Penguin version), p. 19.
11 Louis L. Snyder, Hitler and Nazism, p. 87.

말도 되지 않는다.

5. 기독교의 자비 개념은 위험하다. 우리는 자비를 적에게까지 적용해서는 안된다. '자비는 반독일적 개념이다.'

6. 기독교의 사랑은 해롭다. 사랑은 모든 걸 마비시킨다.

7. 모든 인류가 하나님 앞에서 공평하다는 기독교의 생각은 부족하고, 아프고, 장애가 있고, 범죄하고, 약한 이들이 보호받아야 한다는 것을 의미한다.[11]

나치들이 자신들의 표어로 '하나님이 우리와 함께 하신다(Gott mit uns)'를 달고 전쟁에 진군했을지라도 이들은 잘못된 메시아, 즉 아돌프 히틀러(Adolf Hitler)를 따랐고, 힘과 무력과 소위 게르만 지배 민족 (Teutonic Master Race)에 의한 세계 정복의 꿈이라는 우상 앞에 절했다. 이러한 악마적 사상의 열매가 파괴와 학살의 악몽이 되었다는 것이 놀라운가?

이들에게 기독교를 표방한 모습이 있었을지 모르나, 이들의 목적은 진정한 기독교가 아닌 독일을 위한 새로운 종교 프로그램이었다.

1. 구약 성경을 집어 던져라 - 이것은 유대인의 책이다. 또한 신약 성경 중 몇몇 부분도 던져 버려라.

2. 그리스도는 유대인이 아니고 유대인에 의해 죽임을 당한 북유럽 계통(Nordic)의 순교자이며 그의 죽음으로 인해 유대 통치로부터 세상을 구한 투사이다.

3. 아돌프 히틀러는 유대인들로부터 세상을 구하기 위해 세상에 보내진 새로운 메시아이다.

4. 만자(Swastika)는 독일 기독교의 상징으로 십자가를 대치한다.

5. 독일 토지, 독일 혈통, 독일 영혼, 독일 예술 - 이 네 가지는 독일 기독교인에게 가장 거룩한 것이 되어야 한다.[12]

---

11 Louis L. Snyder, Hitler and Nazism, p. 87.
12 Louis L. Snyder, Hitler and Nazism, p. 90.

사실 나치들은 기독교를 바그너의 음악과 기독교 전 북유럽 신화를 합친 이교도로 바꾸어 놓았다. 이런 왜곡을 선도한 사람중 하나는 히틀러가 1937년 독일의 노벨상 격인 국립상(National Prize)을 부여한 알프레드 로젠버그(Alfred Rosenburg)였다. 로젠버그는 불과 칼의 독일 토착 신앙인 게르만 신앙(Teutonic religion)으로 돌아가길 원했다. 심지어 새로운 독일 신앙 운동을 위한 찬양도 있었다.

'십자가의 시간은 이제 갔네,
태양의 수레바퀴가 떠오를 것이네,
하나님과 함께 우리는 마침내 해방될 것이고
우리 민족에게 그 명예가 돌아 오겠네.'[13]

그렇다면 하나님은 어디에 계셨는가?
안드레 슈바르츠-발트(Andre Schwartz-Bart)의 유대 소설 '의인의 최후(The Last of the Just)'는 오랜 세월에 걸친 유대인들의 고난의 자취를 따라가다가 홀로코스트의 결말에 이른다. 예배 드리던 유대인들이 회당을 떠나는 중 마당에서 나치 군대를 직면하게 되는데 매우 감동적인 장면이 연출된다.

'어니(Ernie)는 엄청난 직관을 가졌다 - 하나님께서는 회당 마당을 거니시며 개입할 준비가 되어 계셨다. 어니는 하나님께서 여기에 계심을 느끼고 너무 가깝게 계시기에 조금 용기를 내어 만져 보고자 했다.
"멈춰! 나의 백성을 건드리지 마라!"
그는 마치 하나님의 음성이 그의 연약한 목구멍을 통해 말씀하시는 것처럼 중얼거렸다.'[14]

---

13 Louis L. Snyder, Hitler and Nazism, p. 91.
14 Andre Schwartz-Bart, The Last of the Just, p. 159.

소설에서는 이 순간 기적적인 구출이 일어난다. 그러나 육백만 유대인의 학살과 수백만 이방인의 죽음과 함께 나치에 의해 야기된 죽음과 멸망의 끔찍한 반복이 전쟁터와 수용소에서 계속된다. 이런 모든 일들이 발생할 때 하나님은 침묵하고 무관심하셨는가?

그렇지않다. 하나님은 침묵하거나 냉담하지 않으셨고 인류의 악함과 사람들, 특히 유대인들의 고통을 지켜 보시고 슬퍼하고 계셨다. 그러나 하나님께서 우리에게 자유 의지를 주셨기 때문에 독일인들에 의한 잘못된 선택의 결과로 이러한 일이 일어나게 된 것이다. 나치들의 최후의 패배는 악랄한 정치 조직에 대한 하나님의 최종 판결을 보여 주었다.

하나님은 침묵하거나 냉담하지 않으셨지만 불행하게도 대부분의 교회는 그러했다. 네덜란드의 텐 붐(Ten Boom) 가족과 같이 나치들로부터 유대인들을 구하기 위해 자신들을 희생한 용감한 이들도 있었다. 그러나 대부분의 경우 교회는 목소리를 높이는데 실패했고 당연히 많은 유대인들은 '기독교인들'을 적으로 간주했다. '의인의 최후'에서 주인공인 '어니 리바이(Erni Levy)'는 수용소로 끌려가기 전날 밤 골다 (Golda)와 결혼하게 된다. 이들은 예수님에 대해 이야기한다.

'오 어니,' 골다가 이야기했다. '너는 그들을 알잖아. 그러면 기독교인들이 왜 그렇게 우리들을 미워하는지 이야기해 줄 수 있겠니? 내가 유대인표시를 달지 않고 있을 때 기독교인들은 참 친절해 보였는데.'

어니는 조심스럽게 그녀의 어깨를 감쌌다. '이것은 굉장히 모호해,' 그는 이디쉬어(Yiddish)로 중얼거렸다. '이들은 자신들도 왜 그러는지 몰라. 나는 교회에 가보았고 복음서도 읽어 보았어. 너는 그

---

15 바알 쉠 토브(Baal Shem Tov) - '선한 이 중 대가' - 이스라엘 벤 엘리에저(Israel ben Eliezer, 1698-1760)에게 붙여진 칭호, 하시딕 운동의 창시자
16 Andre Schwartz-Bart, The Last of the Just, pp. 323-324.

리스도가 누구신지 아니? 그는 너의 아버지 같은 단순한 유대인이셔. 하시드(Hassid) 같이 말이야.'

골다는 부드럽게 미소 지었다. '농담하지 마.'

'아니야, 나를 믿어. 나는 그들이 자기들끼리는 잘 지내리라 생각해. 왜냐하면 예수님은 정말로 좋은 유대인이니깐. 너 자비롭고 온화한 바알 쉠 토브(Baal Shem Tov)[15] 사람을 알지. 기독교인들은 자신들이 예수님을 사랑한다고 이야기하는데 나는 기독교인들이 정작 예수님을 미워하고 있다고 생각해. 그래서 이들은 십자가의 한쪽 끝으로 칼을 만들어 우리를 찌르지! 이해하지? 골다.' 그는 갑자기 이상하리만치 흥분해 부르짖었다. '이들이 십자가를 잡고 돌리고 있어. 나의 하나님을…'[16]

예수님은 '단순한 유대인' 그 이상이지만 그가 유대인이라는 사실은 신약성경에 분명히 기록되어있다. 스스로를 기독교인이라고 부르지만 유대인들을 미워하는 이들은 반유대주의에 대해 회개해야 하며 반유대주의의 근원이 하나님에 대한 인류의 적개심임을 깨닫고 유대인들이 핍박당할 때 그들의 편에 서야 한다.

랍비 데이빗 파니츠(David Panitz)는 이것과 연관성과 관련해 '역사적 사실에 대해 인정함으로 속죄를 구하는 것은 확립된 히브리와 기독교식 원칙이다. 당신이 틀렸다고 인정할 때까지 당신은 당신의 삶을 다시 세우는 일을 시작할 수 없다'고 주장했다.

기독교 교회는 유대인과 관련해 엄청난 양의 죄를 짊어지고 있다. 나치의 철학이 이교적이고 반기독교적이라 할지라도 나치에 의해 거두어진 반유대주의의 씨들은 교회가 유대인들을 비난함으로 뿌려진 것이다. 동시에 진정한 예수님은 유대인들을 찌르라고 십자가를 지신 잔인한 존재가 전혀 아니시다. 어니 리바이와 골다의 대화에서 그는 이야기한다.

'불쌍한 예수님, 만약 그가 지구에 내려와 이교도들이 그로부터 칼을 취해 그의 자매들과 형제들을 찌르는 것을 보았더라면, 그는 영원토록 슬프고 신음하셨을 것이다. 아마도 지금 그는 이 현장을 보고 계실지도 모른다.'[17]

---

17 Andre Schwartz-Bart, The Last of the Just, p. 324.

제 4 장
그렇다면 메시아는?

유대인들의 고통은 많은 이들이 하나님을 불신하고 동시에 메시아에 대한 개념을 거절하도록 했다. 그러나 어떤 이들에게 메시아의 오심은 고통과 핍박의 시간이 끝나고 평화가 이스라엘의 집에 임하게 될 희망이다. 유대 기도문이 다음과 같이 기록하고 있다.

'하나님 당신은 우리를 구속하겠다고 약속하셨습니다. 그러므로 우리의 구속의 시간을 앞당기소서… 적이 우리의 심장을 상하게 하고, 우리에게 돌을 던지며, 우리를 발로 짓밟으며, 우리와 구속에 대한 희망을 비웃습니다. 하지만 시온의 딸들은 우리의 메시아께서 오실 것을 믿기에 즐거워할 것입니다.'[18]

중요한 질문은 '어떻게 우리가 메시아를 정의할 것인가?' 하는 것이다. 다음은 내가 유대인들에게서 들은 답변들이다.

1. 메시아는 세계 평화를 창조하고 성전을 예루살렘에 다시 지으며 유대인들을 토라로 돌아오게 하실 위대한 인물이다.
2. 메시아는 1994년에 죽었지만 죽음으로부터 부활할 루바비처 레베(Lubavitcher Rebbe), 랍비 므나헴 쉬넬손(Rabbi Menachem Schneerson)이다.[19]

---

18 Martin Gilbert, Jewish History Atlas, p. 52
19 루바비치 (Lubavitch)는 별세한 지도자, 루바비처 레베 (The Lubavitcher Rebbe)로도 알려진 므나헴 쉬넬손 랍비의 영향 아래 장차 오실 메시아에 대한 희망을 전파하는데 굉장히 적극적인 하시딕 유대 정통파 운동이다. 1994년 그가 죽었을 때 그의 추종자들 중 몇몇은 그가 바로 메시아이고 다시 올 것 (즉, 죽음 가운데서 부활할 것!)이라는 견해를 견지했다. 이 견해는 유대인들 사이에서 소수의 의견이고 주요 유대교는 이 의견을 적극적으로 비판한다.

3. 개인적인 메시아는 없지만, 사람들이 평화와 조화 가운데 더불어 살며 전쟁이 없는 메시아적 시대가 있을 것이다.
  4. 메시아는 없으며, 이 믿음은 미신이어서 유대인들은 스스로 문제를 해결해야한다.

 첫 번째 답변은 가장 정통파 유대교적인 견해이다. 1135년부터 1204년까지 살았고, 그의 책'방황자들을 위한 안내(Guide to the Perplexed)'로 현대 유대교에 주요 영향을 미친 마이모니데스(Maimonides)는 메시아의 증표가 다음과 같다고 주장한다.

  '미래에 왕이신 메시아가 일어나셔서 다윗의 왕조의 주권을 회복시킴으로 새롭게 하실 것이다. 그는 베잇 하 미크다쉬(성전, the Beit ha Mikdash)를 다시 세우실 것이고 흩어진 이스라엘의 남은 자들을 모으실 것이다. 그의 날에 모든 법령이 회복될 것이다. 우리는 제물을 드리고 토라에서 명하는 모든 방식을 따라 안식일과 희년을 지킬 것이다.
  만약 왕이 토라를 깊이 연구한 다윗의 집에서 일어나고, 그의 조상 다윗과 같이 성문법과 구문법에 기록된 대로 밋츠보쓰(mitzvoth, 계명들)를 준수하게 할 뿐아니라, 그가 토라가 이야기하는대로 모든 이스라엘이 순종하게 하고 그 준수에 있어서 잘못된 것들을 바로 잡고 그가 하나님의 전쟁들을 위해 싸운다면, 우리는 확신을 하고 그를 메시아로 고려할 것이다.
  그가 위의 내용을 이루는 데 성공하고, 원래의 자리에 베잇 하 미크다쉬(성전)를 세우고, 이스라엘의 흩어진 남은 자들을 모은다면, 그는 분명히 메시아이시다.'
  이와 더불어 그는 완전한 세상을 가져오실 분으로 언급된다.

  '다음으로 그는 모든 나라들이 함께 하나님을 섬기게 함으로 모든 세계를 완벽하게 할 것인데, 기록되었듯이 나는 모든 민족들의 입술을 정결케 하여 이들이 모두 하나님의 이름을 부르고 동일한 마음으로 나를 섬기게 할 것이다.'[20]

이를 요약하면 우리는 메시아는 다음과 같은 세가지 조건들을 완성함으로 스스로를 증명할 수 있어야 한다.

1. 흩어진 유대인들을 이스라엘로 다시 모은다.
2. 예루살렘에 성전을 다시 세운다.
3. 세계 평화를 이룬다.

그러나 이와는 대조적으로 예수님의 오신 후에 다음과 같은 일들이 일어났다.

1. 유대인들은 세계로 흩어졌다.
2. 예루살렘의 성전이 무너졌다.
3. 전쟁과 핍박이 일어났다.

마이모니데스는 기독교에 대해 다음과 같이 이야기했다.
'기독교보다 더 큰 장애물이 있는가? 모든 선지자는 이스라엘의 구속자이며 그들의 구원자이신 메시아에 관해 이야기하며 메시아는 흩어진 자들을 모으고 밋츠보쓰(계명)의 준수를 강화하는 분으로 묘사했다. 반대로 기독교의 창시자인 예수는 유대인들이 칼로 학살당하게 하며, 그 남은 자들은 흩어져 굴욕을 당하게 하며 토라를 손상시키고 세상을 어지럽히고, 주님 외에 다른 신을 섬기게하였다.'[21]

---

20 미쉬네 토라(Mishneh Torah)의 마이모니데스 힐초스 멜라힘(Maimonides Hilchos Melachim)11.1과 4. 루바비치가 출판한 '메시아와 관련한 율법'에서 인용.
21 이것은 마이모니데스의 미쉬네 토라(힐초스 멜라힘 11.4)에서 인용되었는데 로마 카톨릭 교회의 검열로 1574년 베니스 판 이후 출판되는 대부분의 편집에서 삭제되었다.

그러므로 예수님은 메시아가 아니다. 끝.

하지만 이것은 논쟁의 끝이 아니다. 논쟁은 많은 세월 동안 계속 되었고 이 책이 이러한 논쟁의 결론이 될 것이라고는 기대하지 않는다!

메시아 주제에 대한 결론의 책인 성경이야말로 우리가 초점을 맞추어야 할 대상이다.

슬프게도 성경은 많은 이들의 책장에 놓여있지만 사람들의 마음과 정신에서는 멀어져 있다. 성경이 세상에서 제일 많이 팔릴지 모르지만, 가장 많이 읽히는 책은 아니다. 설혹 읽는다 하더라도, 유대인이든 기독교인이든 이 책을 중요하지 않게 여기며 미신으로 축소하고 옳은 길을 제시하지 않는 책으로 여긴다. 특히 메시아의 정체성에 대해서는 더욱 그렇다(만약 그러한 분이 있다면!). 메시아에 관한 주제와 관련해 '유대 기록 연대기(Jewish Chronicle, 역주: 영국의 유대 신문 중 하나)'의 '랍비에게 물어보세요(Ask the Rabbi)' 칼럼에서 글쓴이는 메시아의 오심에 대한 구체적 사항들을 히브리 선지자들을 통해 알 수 있다는 것을 부인했다. 그 이유는 성경 비평학은 선지자들의 말이 이 시대에 맞지 않는 것임을 보여주기 때문이라고 말했다.

나는 성경 비평학이 더 이상 쓸모없는 학문이 되어버릴 때가 오리라 믿고 있다. 사람들이 성경의 예언들이 현재 일어나고 있는 일들과 너무나 큰 연관을 가지고 있다는 사실을 사람들이 깨닫게 될 것이기 때문이다. 나는 60년대 사회주의(Marxism)를 비롯한 다른 다양한 세계관들을 이것저것 살펴보다가 스물 세 살이 되어 성경을 진지하게 연구하기 시작했다. 내가 나의 삶의 방향성을 위해 이 오래된 성경을 보기 시작한 것은 성경이 좋은 이야기들을 담고 있는 먼지 쌓인 옛문서가 아니라 오늘날 세계의 상황과 개인의 삶에 대해 실제로 역사하는 살아있는 말씀이라는 깨달음에서 비롯됐다. 이스라엘이라는 주제와 관련해 성경은 유대인들이 열방으로 흩어질 것이지만 마지막때에 모든 나라가 예루살렘을 중심으로 하는 전쟁을 벌일 때에 이들이 이스라엘 땅으로 돌아올 것을 이야기하고 있다 (렘 30-31, 겔 36-39, 슥 12-14).

이스라엘의 흩어짐과 귀환은 하나님의 목적과 신실하심에 대한 예표가 될 것이다.

'열방이여 너희는 나 여호와의 말을 듣고 먼 섬에 전파하여 이르기를 이스라엘을 흩으신 자가 그를 모으시고 목자가 그 양 무리에게 행함같이 그를 지키시리로다' (렘 31:10)

에스겔 36장은 유대인들이 쫓겨 나고 이스라엘 땅을 이방인들이 차지하게 됨으로 이스라엘 땅이 황폐하게 될 것을 이야기한다. 그러나 유대인들이 다시 이 땅에 돌아올 때 언덕에 나무가 심겨지고 오래된 도시들이 건축되게 됨으로 다시 풍요한 땅이 될 것이다.

하나님께서 말씀하시기를,

'내가 너희를 열국 중에서 취하여 내고 열국 중에서 모아 데리고 고토에 들어가서' (겔 36:24)

하지만 이때 주변국들은 이스라엘을 반대하여 '교묘한 계략[예. 기만]'(시 83:3)으로 이스라엘을 바다에 처넣을 공동목적으로 동맹을 맺게 된다. 이들은 이야기하길,

'… 가서 저희를 끊어 다시 나라가 되지 못하게 하여 이스라엘의 이름으로 다시는 기억되지 못하게 하자 하나이다' (시 83:4)

이스라엘 땅, 특별히 예루살렘 도시에 대한 분쟁의 마지막 때 세상의 모든 나라들이 개입할 것이다.

'그 날에는 내가 예루살렘을 모든 민족에게 무거운 돌이 되게 하리니 그것을 드는 모든 자는 크게 상할 것이라 천하 만국이 그것을 치려고 모이리라' (슥 12:3)

누가 예루살렘을 다스려야 하는지에 관한 질문을 해결하기 위해 오늘날 유엔이라는 형태로 모든 나라가 헛되이 노력하고 있다. 오늘날 하나님의 예언들이 이렇게 성취되는 것은 당신의 말씀에 대한 하나님의 신실함의 분명한 증거이자 하나님께서 인류에게 돌보라고 주신 세상을 엉망으로 만든 것을 해결하실 메시아에 대한 정확한 신호이기도 하다.

하나님께서 재앙으로부터 세상을 구속하기 위해 개입하실 때 우리가 마지막 때를 살고 있다는 결론을 내릴 수 있는 다른 많은 증거들이 나타날 것이다. 예를 들면 노아와 소돔과 고모라의 때와 같이 한 나라에서 다른 나라로 퍼지는 죄악, 도덕 가치들의 몰락, 평화를 약속하지만 재앙을 가져올 범지구적 체계로의 거대한 환경 파괴와 무법들이다. 나는 이러한 것들과 관련해 자세한 내용을 담고 있는 오메가 파일 (Omega Files)이라는 책을 썼다.

만약 성경의 저자들이 단순히 본인 자신들의 세대를 위해 자기 생각들을 기록했다면 이들의 이야기들은 흥미로울 수는 있으나, 혼란을 겪고 있는 21세기 유대인이나 이방인을 위한 안내서로써는 신뢰할 수 없을 것이다. 그러나 이들이 성령님의 감동으로 장차 올 일들에 대해 하나님께서 보여 주시는 대로 기록한 것이라면 이러한 말씀과 교훈을 무시하는 것은 굉장히 어리석은 것이다.

우리는 메시아의 정체성에 관하여 반드시 히브리 성경의 저자들이다. 여기서 우리는 메시아에 대한 문제가 마이모니데스가 위에서 인용한 결론보다 더 복합적임을 알 수 있다. '기독교의 창시자(즉 예수

---
22 타나흐는 기독교 성경과 비교해 순서가 조금 다르게 배열되었지만 내용은 동일한 유대 성경 (구약)이다.

님)는 인류가 잘못된 길을 가게 하고 주님 대신 다른 신을 좇게 한다'는 말은 옳은 말인가?

메시아와 마지막 날과 관련해 타나흐(Tenach, 구약성경)[22]의 예언은 서로 반대되는 내용을 이야기하는 것처럼 보인다. 예를 들면 이사야 선지자만 하더라도 다음과 같은 모순을 보여준다.

◆ 2장은 메시아께서 예루살렘으로부터 권위를 가지고 다스리시는 것에 대해 이야기하며, 모든 나라들이 주님의 말씀을 듣기 위해 몰려올 것이며 결과적으로 모두 평화롭게 살 것을 이야기한다.

◆ 53장은 메시아께서 사람들로부터 경멸 받고 거절 당하며 그에게 우리의 죄악이 부과될 것이며, 그가 산 자의 땅에서 끊어질 때 범죄자들과 함께 처벌당할 것이며 묻힐 것이지만 다시 살아나 '그의 영혼의 수고'를 볼 것이라고 이야기한다(주의: 대부분의 현대 유대교는 라쉬(Rashi)를 따라 이사야 53장이 메시아에 관한 것임을 부정하고, '종'(Servant)은 이스라엘을 의미한다고 주장한다. 7장에서 여기에 대한 논쟁들을 살펴 볼 것이다).

◆ 11장은 마지막 때와 관련하여 온 땅에 마치 물이 바다를 덮음같이 주님을 아는 지식으로 가득할 것을 이야기하며, 심지어 동물들이 채식을 하며 서로 물고 뜯지 않는 낙원의 형태로 회복 될 것을 언급한다.

◆ 24장은 또한 마지막 때와 관련한 미래를 이야기하며 지구가 황폐하게 되며 도시들이 멸망하고 소수의 사람들을 제외하고 초토화 될 것을 말하고 있다.

이러한 모순은 정통파 유대교가 장차 오실 메시아에 대한 사인들을 해석하는 방식에 표현된다. 길에서 자신들의 믿음을 전하는 루바비치(Lubavitch) 운동의 멤버들이 준 전단지는 현재 우리가 메시아의 오심에 가까운 때에 살고 있다고 말하고있다.

'모든 상황은 우리가 마지막 때에 가깝다는 것을 보여준다… 구속의 때가 도달했다는 것은 의심의 여지없이 분명하다… 그가 그의 사명을 완성하고 흩어짐으로부터 모든 이스라엘을 해방시킬 수 있도록 우리의 의로우신 모시아흐[Moshiach, 메시아]를 영접하는 자.'[23]

1990년 초 루바비치 멤버들은 레베(Rebbe)의 영향 아래 '우리는 모시아흐를 지금 원합니다'라는 문구를 들고 하나님에게 메시아를 보내시도록 요구하기 시작했다. 이들은 마지막 때를 긍정적으로 보며, 공산주의의 몰락과 1차 걸프 전쟁당시 이스라엘이 보호받은 것과 같은 사건들이 구속이 가까웠음을 보여주는 암시라고 본다.

'우리는 세계가 평화의 상태로 발전하는 것과 인류가 완전한 상태로 진입하는 매우 특별한 때를 살고 있다. 이 시대는 더 좋아질 뿐만 아니라 완벽한 상태를 향해 진보할 것이다. 유대 신앙의 핵심은 선과 평화가 궁극적으로 승리할 것이라는 믿음이다. 이것이 토라에서 제정한대로 마지막 구속을 알릴 모시아흐의 핵심이다.'[24]

이와는 반대로 랍비 소코로브스키(Sokolovsky)는 그의 책 '예언과 섭리 (Prophecy and Providence)'에서 이크베타 드 메시하 (Ikveta d'Meshicha, 메시아의 뒤꿈치들, 즉 현 세대의 마지막 때들)의 시대는 영적 후퇴와 고난 일 것이라고 주장한다. 탈무드는 이렇게 기록한다.

---

23   루바비치는 유대인 지역 거리들에서 유대인을 대상으로 전도하는데 적극적이고 이들의 본부가 있는 런던의 스템포드 힐 (Stamford Hill)을 중심으로 자신들의 신앙과 관련한 전단지를 나눈다. 인용은 그러한 전단지들로부터 비롯된 것이다.
24   예루살렘 포스트 (Jerusalem Post, 31/8/91)에서의 광고

'비극이 마지막 때에 네게 닥칠 것이다.'(탈굼 요나탄 [Targum Yonathan])[25]

'모시아흐가 오시기 전 세대 동안 물가가 치솟을 것이다. 포도나무가 과실을 맺을 것이지만 포도주는 매우 비쌀 것이다.'(소타 [Sotah] 49b)[26]

'이크베타 드메쉬하(Ikveta d'Meshicha, 메시아 전 세대)동안 사람들의 교만함이 증가할 것이다. 젊은이들은 노인들의 얼굴을 수치로 창백하게 만들 것이다. 노인들이 젊은이들 앞에서 일어나야 할 것이다. 자녀들이 아버지를 수치스럽게 할 것이다. 딸들은 자신들의 어머니들을 대항해 일어날 것이다. 가족들이 서로를 적대시 할 것이다.'(소타 [Sotah] 49b)[27]

'이크베타 드메쉬하 동안 정부는 신을 부인할 것이고 아무도 반대하지 않을 것이다. 진리가 사라져 버릴 것이다.'(산헤드린 [Sanhedrin] 97a; 소타 49b)[28]

탈무드는 메시아와 관련하여 예언들은 단순하지 않고 메시아의 도래와 관련해 여러 다른 가능성들이 있음을 인정한다. 메시아는 승리 가운데 다스리는 왕으로 하늘의 구름을 타고 오실 수도 있고 겸손으로 당나귀를 타실 수도 있다. 그가 오는 방식은 그가 오는 세대의 영적 상태에 달려 있다. 그는 영적인 세대에게는 영광 가운데 오시겠으나 영적이지 않은 세대에게는 겸손 가운데 오실 것이다.[29]

상반된 메시아의 모습에 대한 다른 설명은 두 명의 메시아가 오실 것이라는 주장이다. 첫 번째 메시아는 고통 받으며 죽을 것이고 모시아흐 벤 요셉(Moshiach ben Yoseph, 요셉의 아들 메시아)으로

---

25 Rabbi Sokolovsky, Prophecy and Providence, p. 197.
26 Rabbi Sokolovsky, Prophecy and Providence, p. 195
27 Rabbi Sokolovsky, Prophecy and Providence, p. 193.
28 Rabbi Sokolovsky, Prophecy and Providence, p. 191.

불릴 것인데 그는 고난 당하고 형제들에게 배신 당하는 요셉과 같을 것이라는 의미이다. 두 번째 메시아는 다스리고 지배하실 것이며 모시아흐 벤 다비드(Moshiach ben David, 다윗의 아들 메시아)로 불릴 것인데 다윗 왕처럼 승리 가운데 다스릴 것이다.[30]

현대 유대교는 이런 맥락의 해석을 점차 무시하고 요셉의 아들 메시아를 제거해 버렸다. 하지만 다른 다른 일을 이루실 오실 두 메시아의 개념은 성경의 본문에 의해 야기된 문제들에 대한 랍비들의 공식화된 반응이다.

이에 대한 다른 설명은 한 명의 메시아가 두 번 오시는 견해이다. 첫째 그는 고통 받는 종(이사야 53)으로서 당나귀 등을 타시고 겸손 가운데 오실 것이다. 예수님께서 스가랴서의 예언에 대한 성취로 대속적 죽음과 부활로 이어지는 마지막 주의 시작에 당나귀를 타시고 예루살렘에 들어오신 것처럼, 둘째로 그는 하늘의 구름을 타고 오시는데 예수님께서 심문을 받으실 때 산헤드린(Sanhedrin)에게 그렇게 오시겠다고 말씀하셨다.

> '… 대제사장이 다시 물어 이르되 네가 찬송 받을 이의 아들 그리스도냐 예수께서 이르시되 내가 그니라 인자가 권능자의 우편에 앉은 것과 하늘 구름을 타고 오는 것을 너희가 보리라 하시니'
> (막 14:61-62)

이 주제를 이 책의 10장에서 좀더 자세히 다룰 것인데, 그전에 유대교에서 제기하는 예수님의 메시아 되심에 대한 몇가지 중요한 반론에 대해 살펴 보기로 하자.

---

29   Sanhedrin 98a
30   Sanhedrin 98a

제 5 장
메시아 - 위대한 사람인가? 신적 존재인가?

지금까지 예수님이 메시아라는 것에 가장 큰 걸림돌이 되었던 것은 예수님께서 하나님과 동등하다는 기독교의 가르침이었다. 나는 이 질문을 한 정통파 유대인 친구와 이야기를 한 적이 있다. 그는 이러한 생각은 유대인들이 절대 받아드릴 수 없다고 했다. 그래서 나는 그에게 물었다, '그렇다면 메시아에 대한 당신의 견해는 무엇인가?'

그는 메시아는 세상에 평화를 가져다줄 위대한 사람일 뿐이지, 신적 존재가 아니라고 이야기했다.

나는 세상에 평화를 가져다주는 것은 사람이 할 수 있는 능력 그 이상의 엄청난 임무라고 답변했다. 그리고 더 나아가 한가지 논리적 문제가 있다. 만약 그가 그냥 위대한 사람이라면 그가 운명을 달리 할 때 어떻게 되겠는가?

그의 대답은 메시아는 새로운 삶의 방식을 세움으로 그 방법을 따라 사람들이 맞춰 살게 될 것이라고 이야기했다. 나는 사람들의 문제는 이런 체제에 따르기 거부하는 데 있다고 대답했다.

랍비 카플란(Kaplan)은 예수님이 메시아라는 주장을 공격하는 그의 책 '참된 메시아?(The Real Messiah?)'에서 이렇게 이야기한다.

'메시아에 대한 유대적 개념은 성경의 선지자들에 의해 세워졌다. 그는 유대인의 지도자이고 지혜와 능력과 성령이 많은 분이시다. 그는 유대인들에게 영적으로나 육적으로 완전한 구속을 가져올 것이다. 이것과 더불어 그는 전 세계에 영원한 평화와 사랑과 번영과 도덕적 완전을 가져올 것이다. 유대적 메시아는 사람의 혈통임이 분명

하다. 그는 평범한 인간의 부모로부터 태어나 모든 사람들과 동일하게 살과 피로 이루어져 있다.'[31]

어떻게 평범한 인간이 영원한 평화와 완성을 가져올 수 있을까? 모든 인간은 죽음을 피할 수 없다. 1990년 초에 루바비치 운동의 몇몇 회원들은 자신들의 지도자, 랍비 므나헴 쉬넬손이 왕되신 메시아라고 믿기 시작했다. 그런데 그는 뇌졸중으로 죽었다. 90세가 넘은 나이 지긋한 노인이 곧 죽을 것이라는 사실을 받아들일 수 없었던 루바비치 내 메시아적 성향을 가진 이들은 그가 죽음에서 살아날 거라고 믿기 시작했다! 만약 그가 단순히 연세가 지긋한 사람이 아니고 메시아라면 그가 죽음에서 살아날 것이라는 믿음은 분명한 타당성이 있다. 하지만 그렇지 않다면 이 믿음은 정말 설득력이 없는 것이다.

이들의 주장은 주류 유대교에 의해 분명한 이유로 이단이라고 정죄되었다. 랍비 데이빗 버거(David Berger)는 이렇게 기록한다.

'레베가 메시아가 되기 위해 죽음으로부터 일어날 일말의 가능성도 없다. 기독교 신앙에서는 이것이 가능할지 몰라도 유대교에서는 불가능하다. 이러한 견해는 유대교가 표방하는 모든 것에 모순되는 것이다.'[32]

우리는 레베가 메시아가 되기 위해 죽음으로부터 다시 일어날 가능성이 없다는 것에 동의한다. 그러나 진정한 메시아는 인류를 괴롭히는 문제들을 완전히 해결하기 위해 죽음을 넘어서는 능력을 갖춰야 하지 않을까? 메시아는 영원한 생명을 가지고 있어야 하며 영원한 존재여야 한다. 그는 문제를 가지고 항상 씨름하는 사람들을 위해 언제 어디서나 계셔야 한다. 이러한 모든 조건은 그가 평범한 살

---

31 Aryeh Kaplan, The Real Messiah, p. 27.
32 David Berger, The Rebbe, the Messiah and the Scandal of Orthodox Indifference, p. 14.

과 피의 부모로부터 태어난 보통 사람 일 수 없다는 것을 의미한다.

타나흐는 메시아가 평범한 인물 이상일 것을 암시한다. 성경은 그가 초자연적으로 존재하며, 더 나아가 그의 신성을 말한다. 미가서 5:2의 예언에서 우리는 '이스라엘을 다스릴 자'가 될 이에 대해 다음과 같은 구절을 접한다.

'베들레헴 에브라다야 너는 유다 족속 중에 작을지라도 이스라엘을 다스릴 자가 네게서 내게로 나올 것이라 그의 근본은 상고에, 영원에 있느니라'

유다의 베들레헴으로부터 나올 이는 그 근원을 '태초'(מימי עולם '미메이 올람'- 문자적으로 영원으로부터)로부터 가지고 있다. 어떤 자의 근원이 영원부터일 수 있을까? 그러므로 이 예언은 어떤 자가 단지 '이스라엘의 다스릴 자'(즉 왕이나 우두머리)가 아니라 메시아이심을 가리킨다. 그는 이 땅에서는 베들레헴으로부터 나올 것이지만 그의 진정한 근원은 '영원'(Eternal) 이다.

이사야 9:6은 아기로 태어나셨지만 동시에 위대하신 하나님 (גבור אל 엘 깁보)이시고 영원한 아버지(עד אבי 아비 야드)이신 한 분에 대해 이야기한다.

'이는 한 아기가 우리에게 났고 한 아들을 우리에게 주신 바 되었는데 그의 어깨에는 정사를 메었고 그의 이름은 기묘자라, 모사라, 전능하신 하나님이라, 영존하시는 아버지라, 평강의 왕이라 할 것임이라 그 정사와 평강의 더함이 무궁하며 또 다윗의 왕좌와 그의 나라에 군림하여 그 나라를 굳게 세우고 지금 이후로 영원히 정의와 공의로 그것을 보존하실 것이라 만군의 여호와의 열심이 이를 이루시리라' (사 9:6-7)

어떻게 아들이면서 동시에 영원하신 아버지가 되실 수 있는가? 만약 그가 다윗의 계보를 따라 다스리는 제한적 존재라면 어떻게 그가 영원히 공평과 정의로 그 나라를 굳게 세울 수 있는가? 왜 그는 '전능하신 하나님'이라 불리우는가? 어느 랍비는 이 구절들이 거룩한 왕인 히스기야를 지목한다고 하는데 이는 말이 되지 않는다. 남자 아이로 태어나도록 언급된 이는 동시에 영원한 존재가 되어야 한다. 그는 하나님이어야 한다.

예레미야 23:5에서 우리는 다윗의 자손이 왕이신 메시아와 동일시되는 것을 볼 수 있다.

> '그의 날에 유다는 구원을 받겠고 이스라엘은 평안히 살 것이며 그의 이름은 여호와 우리의 공의 (צדקנו '')[33]라 일컬음을 받으리라' (렘 23:6)

메시아에게 주어진 호칭은 신적 이름을 포함하고 있는데, 이것은 메시아께서 신적인 존재라는 분명한 증거이다.

그러나 하늘에서 다스리시고 나뉠 수 없는 한 분의 하나님이 계시다면 어떻게 메시아께서 신적 인간이 되실 수 있는가? 하나님께서 우주를 다스리심을 버려두고 이 땅에 오실 수 있는가? 하나님께서 타나흐(구약성경)에서 인간의 모습으로 나타나신 적이 있으신가?

나는 미국의 시드 로쓰(Sid Roth)의 라디오 프로그램에서 샤론 알렌(Sharon Allen)이라는 한 유대인 여성의 인터뷰 카세트를 들은 적이 있다.[34] 샤론은 매우 정통적인 유대인 가정에서 성장했다. 뉴욕에서 정통파 유대인과 결혼했으나 헤어지게 되었고 그녀의 딸과 함께 미국의 서쪽 해안으로 이사했다. 그곳에서 그녀는 유대적 방식을 선호하며 함께 출석한 회당의 새로운 건물을 짓는데 도움을 준

---

33 하나님의 이름을 히브리어 전체로 언급하지 않는 유대 관습을 따랐다.
34 메시아 환상 (Messianic Vision, P. O. Box 1918, Bruswick GA 31521, USA. Tel: 912 265-2500; email: info@sidroth.org)의 허락을 받아 사용

이방인 사업가와 결혼했다. 후에 샤론은 남편에게, '당신은 정말 유대인 같아요. 유대교로 개종하시지요?'라고 권유했다. 그는 동의했고 개종을 위해 그가 해야 할 세가지가 있음을 알게 되었다.

1. 할례를 받을 것. 문제 없음, 그는 아기 때 이미 할례를 받았음.
2. 정체성을 유대인들에게 보여 주기 위해 미크베(Mikveh, 침례를 위한 욕조)에 잠길 것. 문제 없음.
3. 베쓰 딘(Beth Din, 종교적 법정) 앞에서 정식으로 이전에 믿었던 것을 부인할 것. 문제임.

그녀의 남편은 샤론이 놀랄만큼 예수님을 부인할 수 없음을 고백했다. 그가 기독교인이라고 이야기하지 않았고 결혼 생활 동안 교회를 가지도 않았기에 이것은 그녀에게 큰 충격으로 다가왔다. 그러나 그녀는 생각했다. '문제가 안돼. 하나님께서 우리가 메시아에 대해 알도록 하신 모든 것이 유대 성경에 있어. 성경을 읽고 남편에게 예수님께서 메시아가 될 수 없음을 증명해야지.'

그리고 나서 그녀는 하나님께 메시아에 대해 진리를 보여 달라고 기도했고 유창한 히브리어로 처음부터 끝까지 유대인 성경을 읽기 시작했다. 그녀가 신약 성경까지 읽은 것이 아니지만, 타나흐를 읽을 때 도달한 결론을 스스로도 믿을 수 없었다. 모든 곳에서 그녀는 예수님에 대한 언급을 발견했다. 그가 행했던 기적들, 그의 죽음, 그가 이방인들에 의해 받아들여질 것이라는 사실 말이다.

메시아에 대해 이야기하는 예언들은 둘째 치고라도 그녀는 성경에 주님의 천사, 말라흐 아도나이(Malach Adonai), 즉 성경에서 사람들에게 여러 번 나타났던 이 존재를 이해할 수 없었다. 사람들은 마치 하나님을 본 것처럼 반응했다. 그들은 이 존재 앞에서 즉시 죽을 것처럼 두려워한다. 그는 하나님의 말씀을 부여한다. 그는 죄를 용서할 능력을 가지고 있다. 그는 누구인가?

그녀는 주석을 읽기 시작했다 아트스크롤(Artscroll) 전집, 라쉬의 주석서, 해답을 얻기 위해 찾을 수 있는 모든 책을 뒤졌다. 그녀가 도달한 불편한 결론은 예수님께서 메시아가 아니심을 증명하기보다 그가 메시아이심을 확증하는 증거가 히브리 성경에 분명히 기록되어 있다는 것이다. 만족할만한 답변을 찾지 못한 채 그녀는 랍비와 이야기를 나누었는데, 그는 미국에서 주도적으로 선교사들을 반대하는 운동을 이끄는 랍비에게 그녀를 연결시켜 주었다. 마침내 그녀는 랍비 임마뉴엘이 강의하는 '왜 유대인들은 예수님을 믿으면 안 되는가'라는 강연에 참석했다.

랍비는 거룩한(Kosher) 유대인 가정에서 자라 모든 전통들을 지키는 모든 유대인은 '그 사람'(예수님)을 믿을 수 없다고 이야기했다. 질문 시간에 샤론은 손을 들어 그녀가 거룩한 유대인 가정에서 자랐고 모든 전통들을 지켰는데 히브리 성경을 공부하면 할수록 예수님께서 메시아에 대한 유대인들의 기대에 부합하신다는 것을 보게 된다고 이야기했다.

그녀가 랍비에게 제시한 주요한 신학적 문제는 유대 성경이 기록하고 있는 주님의 나타나심과 관련한 질문이었다. 그녀가 도달했던 논리적 결론은 '만약 하나님께서 열조들에게 사람의 형태로 나타나실 수 있다면 왜 하나님께서 메시아라는 인격 가운데 사람의 형태로 나타나신다는 것이 불가능하다고 간주될까?'라는 것이었다. 이것이 사실이라면, 예수님의 메시아 되심에 대한 유대교의 주요한 신학적 반대들 중 하나가 제거된다. 예수님께서 메시아라는 주장을 반대하는 분야에서 전문가로 인정받는 이 랍비는 그녀가 만족하도록 그녀의 질문에 답변하지 못했고, 그녀는 신약 성경을 스스로 읽어보기로 결정했다. 그러자 그녀가 가지고 있던 모든 걸림돌들이 사라졌고 그녀는 예수님께서 메시아시라는 결론에 도달했다.

그렇다면 유대 성경은 예수님께서 메시아라는 관점에 부합하도록 하나님께서 복수 단일체(Plural unity)라고 이야기하는가, 아니면 메시아는 절대적으로 나눠질 수 없는 절대 단일체이기에 예수님은 메시아가 아니라고 주장하는가? 유대 성경에서 하나님은 인간의 형태로 등장하셨는가?

성경의 제일 처음 말씀에서 이렇게 이야기한다. '태초에 하나님이 천지를 창조하시니라'(창 1:1). 여기에서 '하나님'(엘로힘, Elohim)이라는 단어는 남성 복수 명사이다. '창조하시니라'(바라, bara)의 단어는 단수 동사이다. 복수 명사와 단수 동사를 통해 성경의 가장 첫 문장은 하나님께서 복수 단일체라는 것을 암시한다. 창세기 1:26에서 하나님은, '우리의 형상을 따라 우리의 모양대로 우리가 사람을 만들고'라고 말씀하신다. 왜 '내가 나의 형상대로 사람을 만들겠다'고 하지 않으셨을까? 하나님은 사람을 천사들의 이미지로 만드시는 것이 아니므로 여기에서 천사들을 가리켜 말씀하시는 것이 아니다. 랍비들은 존엄성을 위해 단수가 아닌 복수로 자신을 표현한 것이라고 설명하지만 성경에서 왕들이 자신을 가리켜 말할때 복수로 언급하는 예가 없으므로 이것은 이유가 될 수 없다. 이것과 더불어 하나님께서 자신을 복수형으로 말씀하신 다른 경우들(창11:7, 사 6:8)을 볼 때 가장 적합한 설명은 하나님은 복수 단일체라는 것이다.

성경, 특히 모세오경은 하나님께서 눈에 보이는 물리적인 형태로 사람들에게 나타나는 예들을 보여준다. 창세기 3:8은 아담과 이브가 '동산에 거니시는 여호와 하나님의 소리를 듣고 아담과 그의 아내가 여호와 하나님의 낯을 피하여 동산 나무 사이에 숨은지라'고 이야기한다. 이것은 실제적 현존, 즉 아담과 이브가 숨을 수 있다고 생각한 것은 하나님께서 눈에 보이는 형태로 정원에 거니셨다는 것을 보여준다. 창세기 18:1에서 이야기하길, '여호와께서 마므레의 상수리 나무들이 있는 곳에서 아브라함에게 나타나시니라.' 그리고 아브라함 앞에 후에 그가 음식을 주었던 세 사람이 있었다고 기록한다. 흥미롭게도 여기서 아브라함은 우유와 고기를 섞음으로 랍비의 코셔 음식법(하지만 레위기 율법이 아닌)을 무시한다.[35]

'아브라함이 엉긴 젖과 우유와 하인이 요리한 송아지를 가져다
가 그들 앞에 차려 놓고 나무 아래에 모셔 서매 그들이 먹으니라'
(창18:8)

주님은 그 후 아브라함에게 사라를 통해 아이를 가질 것을 말씀하신다(창 18:9-15). 그리고 나서 '이들'은 소돔으로 떠났다. 본문은 두 사람이 떠났다고 이야기하지 않지만, 창세기 19:1에 이르면 본문은 두 천사(즉 창세기 18:16에서 떠났던 사람들)가 소돔에 이르렀다고 이야기한다. 16절에서 '이들'(천사들)이 떠난 후, 주님은 소돔의 다가올 멸망에 대해 아브라함에게 이야기한다(창 18:17-32). 주님께서는 소돔을 위한 아브라함의 호소를 들으신 후, 성경은 이렇게 기록한다.

'여호와께서 아브라함과 말씀을 마치시고 가시니 아브라함도 자
기 곳으로 돌아갔더라.' (창 18:33)

이것이 의미하는 바는 아브라함이 창세기 18장의 서두에서 본 세 '사람들'은 소돔에 간 두 천사들과 두 천사가 떠난 후에도 장의 마지막까지 남아계신 주님이라는 것이다. 주님은 사람의 육체적 형태로 두 천사들과 함께 나타나 아브라함과 음식을 드셨다.

창세기 32장은 야곱이 20년 동안 시리아인인 라반을 위한 노동을 마치고 그의 아내들과 양떼들과 함께 약속된 땅으로 건너려 할 때에 야곱이 마주해야했던 상황을 보여준다. 야곱은 에서가 그의 출생권과 아버지의 축복을 취한 것(창 27)에 복수를 하고 죽일까봐 두

---

35 출애굽기 23:19, '너는 염소 새끼를 그 어미의 젖으로 삶지 말지니라'를 랍비 유대교는 식사에 유지방 제품과 육류 제품을 동시에 먹지 말 것을 의미하는 것으로 해석한다.

려워 하나님께 기도했다. 또한 에서의 마음을 달래기 위해 그는 선물을 보내고 공격당할 경우를 대비해 그의 가족과 양떼들을 몇 집단으로 나누었다.

'야곱은 홀로 남았더니 어떤 사람이 날이 새도록 야곱과 씨름하다가 자기가 야곱을 이기지 못함을 보고 그가 야곱의 허벅지 관절을 치매 야곱의 허벅지 관절이 그 사람과 씨름할 때에 어긋났더라' (창 32:24-25)

씨름은 그의 상상아니었고, 실제로 야곱은 평생을 절룩거려야 했다 (창 32:31).
밤새도록 씨름을 한다는 것은 물리적인 것이다. 당신과 씨름하는 상대는 반드시 육신을 가지고 있어야 한다. 이 신비스런 사람은 누구인가?

다음 구절들이 답을 제시한다.

'그가 이르되 날이 새려 하니 나로 가게 하라 야곱이 이르되 당신이 내게 축복하지 아니하면 가게 하지 아니하겠나이다 그 사람이 그에게 이르되 네 이름이 무엇이냐 그가 이르되 야곱이니이다 그가 이르되 네 이름을 다시는 야곱이라 부를 것이 아니요 이스라엘 ['하나님과 함께 하는 왕자'를 의미]이라 부를 것이니 이는 네가 하나님과 및 사람들과 겨루어 이겼음이니라 야곱이 청하여 이르되 당신의 이름을 알려주소서 그 사람이 이르되 어찌하여 내 이름을 묻느냐 하고 거기서 야곱에게 축복한지라 그러므로 야곱이 그 곳 이름을 브니엘 ['하나님의 얼굴'을 의미]이라 하였으니 그가 이르기를 내가 하나님과 대면하여 보았으나 내 생명이 보전되었다 함이더라' (창 32:26-30)

이 구절들로부터 내릴 수 있는 유일한 결론은 야곱이 그와 씨름했던 사람을 하나님으로 정의했다는 것이다.

그러므로 위의 구절들로부터 우리는 사람들이 인간의 형태로 보이는 존재와 만났으며 이들은 이분을 하나님으로 알아봤다는 것을 알 수있다. 그는 정원을 거느시고 음식을 드셨으며 씨름하셨고, 모든 육체적 활동을 하셨다. 야곱은 그의 삶의 후반부에서 그의 아들들을 축복하고, 그의 인생의 모든 경이적 만남들을 회고하며 이를 그를 지켰던 '여호와의 사자'라고 고백한다.

> '그[야곱]가 요셉을 위하여 축복하여 이르되 내 조부 아브라함과 아버지 이삭이 섬기던 하나님, 나의 출생으로부터 지금까지 나를 기르신 하나님, 나를 모든 환난에서 건지신 여호와의 사자께서 이 아이들에게 복을 주시오며…' (창 48:15-16)

이 구절들서 그는 이 천사(사자)를 그를 구속하시고 요셉과 그의 손자들을 향한 축복의 기도를 올려드리는 하나님과 동일시 한다.

우리는 출애굽기 14장에서 이스라엘에 앞서 약속의 땅으로 인도하시고 이들의 적들을 대항해 싸울 주님의 천사 (말라흐 아도나이, Malach Adonai)를 만난다. 이 천사에 대해 주님은 말씀하신다.

> '너희는 삼가 그의 목소리를 청종하고 그를 노엽게 하지 말라 그가 너희의 허물을 용서하지 아니할 것은 내 이름이 그에게 있음이니라' (출 23:21)

이 구절은 마치 하나님의 권위가 그에게 위임되었고 그의 말이 하나님의 말씀인 것처럼 들린다. 그 안에 하나님의 이름을 가졌고 하나님의 본성을 가지고있다. 그는 또한 죄를 사하거나 사하지 않을 수 있는 권세를 가졌는데 이것은 오직 하나님만 하실 수 있는 것이다.

사사기에서 주님의 천사는 마노아와 그의 아내에게 나타나 그들에게 나실인(하나님께 바쳐진)이 될 아들이 태어날 것이라고 말씀하신다. 이 아들은 삼손이 된다. 이들이 그의 이름을 여쭙자 그는 답하시기를, '여호와의 사자가 그에게 이르되 어찌하여 내 이름을 묻느냐 내 이름은 기묘자라 하니라'(삿 13:18). 여기에서 사용된 기묘자에 해당하는 히브리어는 항상 하나님의 놀라운 기적과 연관되어 사용되는 펠리 (Peli)라는 단어이다. 이들이 주님께 번제를 드렸을 때 주님의 천사는 제단의 불길 가운데 하늘로 올라간다. 이것을 본 마노아는 그의 아내에게 이렇게 이야기한다. '우리가 하나님을 보았으니 반드시 죽으리로다'(삿 13:22). 이들은 주님의 천사가 하나님과 동일함을 인정한 것이다.

스가랴 14장은 메시아와 관련해 중요한 예언을 담고있다. 스가랴는 이 세대의 마지막 때 예루살렘을 대항해 몰려 오는 국가들로부터 이스라엘을 구출하기 위해 오시는 주님에 대해 다음과 같이 이야기한다.

> '그 때에 여호와께서 나가사 그 이방 나라들을 치시되 이왕의 전쟁 날에 싸운 것 같이 하시리라 그 날에 그의 발이 예루살렘 앞 곧 동쪽 감람산에 서실 것이요 감람산은 그 한가운데가 동서로 갈라져 매우 큰 골짜기가 되어서 산 절반은 북으로, 절반은 남으로 옮기고'(슥 14: 3-4)

여기에 '여호와'로 사용된 단어는 하나님을 뜻하는 히브리어이다. 정통파 유대인들은 이 본문이 마지막 때 오실 메시아에 관한 것이라고 믿는데, 그래서 감람산에 묘지가 가득한 것이다. 이곳은 묻히기에 가장 좋은 곳인데 왜냐하면 메시아가 감람산으로 오셔서 죽은 자들의 부활을 위한 나팔을 불면 이곳에 묻힌 자들이 처음으로 부활할 것이라고 믿기 때문이다. 정통파 유대인들에게 질문할 수 있는 신학적 문제는 우리가 만약 스가랴 14장이 메시아에 관한 것이라고 본다면(우리는 동의한다!) 메시아는 하나님이라 불린다는 것이다. 그럴 뿐만 아니라 그는 또한 분명하게 발을 가지고 계셔서 올리브 산 위에 서신다. 그가 발을 가지고 있다는 것은 몸을 입고 있다는 것이다!

유대 성경은 하나님의 아들로 정의되는 한분에 대해 이야기하고 있다. 스가랴 14장과 비슷한 내용의 시편 2편은 열방이 그를 대항해 소란을 피우고 대항할 때 주님께서 이들을 어떻게 다루시는지 보여준다. 하나님께서 말씀하시길,

'내가 나의 왕을 내 거룩한 산 시온에 세웠다 하시리로다' (시 2:6)

하나님은 또한 이분에 대해 이렇게 말씀하신다.

'너는 내 아들이라 오늘 내가 너를 낳았도다 내게 구하라 내가 이방 나라를 네 유업으로 주리니 네 소유가 땅 끝까지 이르리로다' (시 2:7-8)

잠언 30장에서 다음과 같은 질문들이 있다.

'하늘에 올라갔다가 내려온 자가 누구인지, 바람을 그 장중에 모은 자가 누구인지, 물을 옷에 싼 자가 누구인지, 땅의 모든 끝을 정한 자가 누구인지…' (잠 30:4)

그 답은 하나님이다. 끝엔 이렇게 질문한다.

'… 그의 이름이 무엇인지, 그의 아들의 이름이 무엇인지 너는 아느냐' (잠 30:4)

좋은 질문이다!

느부갓네살이 자신의 형상에 경배하기를 거절했다는 이유로 세 명의 히브리 남자들을 불타는 용광로에 던지도록 했을 때 이들은 하나님의 아들로 정의되는 한 사람에 의해 기적적으로 구출된다.

> '… 내가 보니 결박되지 아니한 네 사람이 불 가운데로 다니는데 상하지도 아니하였고 그 넷째의 모양은 신들의 아들과 같도다 하고' (단 3:25)

여기에서 언급되듯 유대 성경에 나타나는 하나님과 인간 사이의 만남은 하나님께서 사람들에게 어떤 인식이 될만한 형태로 나타남을 보여준다. 많은 경우 그는 사람의 형태로 나타나셨다. 그는 주님의 천사로 불리기도 했지만 그렇지 않을때도 있다. 종종 이러한 말씀에 사용된 히브리 단어는 유대교에서는 너무 거룩하여 입에 담지도 않는 신적 호칭을 포함하고 있다. 오실 메시아에 대한 많은 예언들은 그가 신적 성향을 가지고 있으며 위대한 인물 그 이상일 가능성을 함축한다.

그렇다면 유대교 믿음의 기초 고백인, 쉐마(Shema)는 가능성을 배제하는가? 신명기 6:4는 이렇게 이야기한다. '이스라엘아 들으라 우리 하나님 여호와는 오직 유일한 여호와이시니.' 즉 하나님은 한 분이시므로 셋이 될 수 없으시다!

분명히 신이 셋일 수 없지만, 그렇다고 쉐마가 하나님께서 복수적 단일체나 삼위 일체가 되실 수도 있다는 가능성을 부인하는 것은 아니다. 흥미롭게도 쉐마는 세 번 주어진 하나님의 이름을 포함하고 있다. '아도나이(Adonai)'[36]로 발음된 신적 이름으로 두 번, 그리고 엘로헤이누(Eloheinu)로 한 번. 이것은 창세기 1:1에서 사용된 하나님의 이름 엘로힘과 '우리의 하나님'을 이야기하는 히브리 방식으로서 접미사 '-에누'를 합친 형태이다. 그러나 기본 단어는 하나님의 복수형인 엘로힘이다.

신명기 6:4에 사용된 '하나(One)'를 의미하는 단어는 '하나(One)'를 의미하는 'אחד(에하드)'라는 단어인데, 이것은 하나 이상의 연합체를 의미할 때도 사용될 수 있다. 예를 들면 창세기 2:24은 이야기하기를,

'이러므로 남자가 부모를 떠나 그의 아내와 합하여 둘이 한 몸(One flesh)을 이룰지로다'

'한 몸(One Flesh)'에 해당하는 히브리어는 바살 에하드(Basar Echad)이다. 이들은 성적 결합을 통해 하나(Echad)가 되지만 여전히 두 사람이다. 사사기 20:1에서 이스라엘 백성이 주님 앞에서 '한 사람'(Ish Echad)으로 모이는 것을 본다. 이들은 한 민족으로 연합해 있지만 또한 개인의 집합이기도 하다. '하나(One)'에 해당하는 다른 단어, 'יחיד(야히드)'가 있는데, 이것은 창세기 22:2에서 하나님께서 아브라함에게 '네 독자'를 취해 그를 번제로 드리라고 말씀하실 때 사용된다. 이삭에게 사용된 이 단어는 그가 절대적으로 나눠질 수 없다는 의미에서의 '하나'라는 뜻이다. 만약 신명기 6:4에서 하나님을 호칭하기 위해 사용한 단어가 야히드라면 우리는 유대교, 이슬람, 심지어 여호와의 증인이 말하는 것이 옳으며 하나님은 나눠지실 수 없는 단일체라는 것을 인정해야 한다. 우리는 하나님께서 삼위일체이시고 메시아께서 신적 인간이라는 가정이 불가능함을 수긍해야 한다.

그러나 그렇지 않다. 성경은 하나님께서 복수적 단일체라는 것을 암시하는 에하드라는 단어를 사용한다. 이것으로 단정 지을 순 없지

---

36 유대 예배에서 하나님의 이름은 언급하기에 너무 거룩한 것으로 간주되어 주님을 의미하는 '아도나이'로 대체되었다. 하나님의 이름인 네 문자가 성경에 어떻게 기록되었는지 알려지지 않는다.

만, 최소한 그가 복수적 단일체가 아니라는 것을 증명할 수도 없게 된다. 이 주제에 대해 흥미진진한(조금 어렵지만) 책은 허쉬 프린즈 (Hirsch Prinz)의 '거대한 비밀(The Great Mystery)'이다. 19세기에 쓰여진 이 책은 유대인 학자들이 얼마나 오랫동안 히브리 성경이 보여주는 하나님의 하나 됨과 씨름해왔는지 보여주기 위해 유대 글을 광범위하게 인용한다.

그는 유대교 내에서 하나님을 복수적 단일체로 보는 몇몇 놀라운 글들을 인용한다. 그는 '가운데 기둥(Middle Pillar),' 언약의 천사, 또는 인류에게 하나님을 드러내는 '메타트론(Metatron)'으로 알려진 말씀, '멤라'(Memra, '말씀')를 언급한다. 세상은 이 '멤라'를 통해 창조됐다. 그는 하나님 이름의 세 번 언급된 것과 관련해 쉐마 (신명기 6:4) 주석에서 다음과 같이 이야기한다(소하[Sohar], 젠 [Gen] 15페이지, 암스텔담 판).

'나의 선생, 랍비 시므온 벤 욕카이(Simeon ben Yocchai)는 '하나님은 각각 존재하는 3개의 영이지만 동시에 한 분이시다.' 라고 가르쳤다 (소하 (So har), 3권 26페이지). 그의 이야기는 다음과 같다.

"세 개의 영이 하나로 연합되어 있다. 아래를 향하는 영은(즉, 세 번째로 간주되는) 성령으로 불리운다. 가운데 기둥인 영은 지혜와 이해의 영, 또는 아래 영으로 불리운다. 위 영은 숨겨져 있고 비밀에 가려져 있다. 그 안에 모든 성령들(성령과 가운데 기둥)과 모든 빛이 존재한다."[37]

그는 이어 조나단 벤 웃지엘 (Jonathan ben Uzziel)이 그가 쓴 고대 성경 주석을 통해서 하나님께서 스스로 존재하는 말씀(또는 멤

---

37 Hirsch Prinz, The Great Mystery, pp. 27 – 28.

라)을 통해 모든 것을 창조하셨는지 보여준다.

'이 말씀이 본질적이고 창조되지 않는 말씀이라는 것과, 하나인 동시에 세 개의 머리 중 하나라는 것은 그가 인류의 창조자인 사실에서 분명히 나타난다. 조나단 벤 웃지엘의 예루살렘 주석이 충실히 가르치듯 '그리고 주님(Adonai)의 말씀이 그의 형상을 따라 인류를 만드셨는데, 주님(Adonai)의 형상대로 주님(Adonai)은 만드셨는데 남자와 여자로 만드셨다.'

그는 랍비들의 글을 인용하여 선조들에게 나타나 이스라엘을 애굽으로부터 광야를 지나기까지 인도하신 언약의 천사 또는 하나님의 천사의 신적 본성에 대해 이야기한다. 창세기 31:11('꿈에 하나님의 사자가 내게 말씀하시기를')에 대해 언급하며 랍비 모세스 벤 나흐만 (Moses ben Nachman)은 이야기한다.

'여기서 이 천사, 즉 위대한 이름이요 구속자인 천사가 약속한 진리에 따르면, 나의 주 하나님은 영원한 능력으로서, 영원한 반석이시다. 그는 '나는 벧엘의 하나님이라'(창 31:13)고 말씀하신 분과 동일하시다. 성경은 이 분을 말라흐(Malach, 천사 또는 특사)로 부르는데, 특사라는 직분을 통해 그로 말미암아 세계가 다스려짐을 알 수 있기 때문이다.'[38]

그는 위에서 언급된 주님의 천사에 관한 출애굽기 23:21에 대한 랍비 베카이(Bachai)의 주석을 인용한다.

"이 천사는 죄를 범할 수 있는 창조된 존재가 아니다… 이 천사는 스스로 존재하는 이들 중 하나이다. 왜냐하면 그가 너의 죄를 용서

---

38 Hirsch Prinz, The Great Mystery, p. 32.

하지 않을 것이기 때문이다." 그는 죄를 범할 수 없는 존재이기 때문이다. 진정 그는 대천사 (Metatron)이고 하나님의 형체의 왕이시기에 그러므로 이렇게 언급된다. "내 이름이 그에게 있음이니라."

그는 이어 하나님께서 이 천사를 통해 그를 세상에 나타내시고 우리는 하나님을 순종해야 하듯 이분에게 순종해야 하며 이분은 '창조된 어떠한 자에게도 주어지지 않은' 죄를 용서하는(또는 용서하지 않는) 권세를 가지신 분이라고 이야기한다. 만약 이분이 창조되지 않은 분이라면 이 분은 누구신가? 이 주석서는 분명히 죄를 지을 수 있는 창조된 천사와 다른 어떤 창조된 존재와는 본질상 다른 이 천사 간에 구분을 둔다.[39]

이 주제를 발전시키며 그는 이어 멤라(Memra, 말씀)가 랍비들의 글에서 하나님의 천사로 묘사될 뿐만 아니라 '대천사'(Metatron)로 묘사됨을 보여준다. 이러한 신비적 존재와 관련해 그는 암스테르담 판, 조하(Zohar) 3권 227쪽의 랍비 시므온 벤 요카이(Simeon ben Yochai)를 인용한다.

'가운데 기둥은 영광스러운 상태로 평화를 성취하셨던 대천사 (Metatron)이다.'[40]

랍비 베카이(Bechai) (조하 114쪽, 1 컬럼, 암스테르담 판)는 '대천사(Metatron)'에 대해 다음과 같이 주장한다.

'하나님께서 모세에게 말씀하셨다, 주님께로 올라오라. 이분이 대천사(Metatron)이다. 그는 이 메타트론이라는 이름으로 불리우는데 이 이름은 그분이 누구인지 보여주는 두 가지 중요성이 있기 때문이다. 그는 주님이시고 사자(Messenger)이시다. 또한, 메타트론의 이름

---

39 Hirsch Prinz, The Great Mystery, p. 56.
40 Hirsch Prinz, The Great Mystery, pp. 58 – 60.

에 내재한 세 번째 의미가 있다. 수호자(Keeper) 갈대아(Chaldee) 언어에서, 수호자(또는 파수자)는 "마떼라쓰(Matherath)"로 불리기 때문이다. 그는 수호자였기에(세상의 보존자), "이스라엘의 수호자"(시 121:4)로 불렸다. 그의 이름의 중요성으로 보아 그가 모든 것의 주인임을 알 수 있다. 왜냐하면, 하늘에 존재하는 모든 것과 지구 위 모든 것들이 그의 능력과 권세 아래 있기 때문이다.'[41]

시편 2편의 '너는 내 아들이라 오늘 내가 너를 낳았도다'에 대해 논하면서 그는 '티쿠네이 하 조하'(Tikunei Ha Zohar) 캡(cap) 2, 130쪽에서 다음과 같이 이야기한다.

'완전한 사람이 있는데 곧 천사이다. 이 천사는 대천사(Metatron)이고 이스라엘의 수호자이다. 그는 축복받으실 거룩한 이의 형상으로 된 사람인데 그(하나님)로부터 비롯된다. 진실로 메타트론인 그는 여호와(나의 주)이다. 그에 대해 창조되었다거나 형성되었다거나 만들어졌다고 이야기할 수 없다. 그는 하나님의 형상이다(The Emanation from God).'[42]

천사이며 하나님이고 주(Adonai)이신 사람? 만약 유대인 학자들이 히브리성경 도처에 나타난 신비한 존재에 대해 이런 결론에 도달한다면, 이분의 최종적 계시가 인간의 형체로 태어나시고 우리 가운데 거하시는 모습으로 임한다는 것이 왜 불가능한 일인가 창조시 활약했던 이로 이야기되는 '멤라'(말씀, Memra)가 요한복음 1장에 나오는 육신이 되시고 그로 말미암아 세상이 지은바 된, 인간의 형태로 나타나신 '로고스'(말씀, Logos)와 동일하지 않은가? 요한이 그리스 철학자가 아니고 예수님의 유대인 제자로서, 그가 그의 복음서를 쓸 때 신학교에서 종종 배우는 대로 그리스 철학자 플라톤의

---

41   Hirsch Prinz, The Great Mystery, p. 61.
42   Hirsch Prinz, The Great Mystery, p. 70.

로고스(Logos) 개념보다는 유대 개념인 '멤라(말씀)'를 의미하지 않았을까?

복음서로 이 주제에 관한 마지막 언급으로 마치자.

'태초에 말씀이 계시니라 이 말씀이 하나님과 함께 계셨으니 이 말씀은 곧 하나님이시니라 그가 태초에 하나님과 함께 계셨고 만물이 그로 말미암아 지은 바 되었으니 지은 것이 하나도 그가 없이는 된 것이 없느니라 그 안에 생명이 있었으니 이 생명은 사람들의 빛이라 빛이 어두움에 비치되 어두움이 깨닫지 못하더라… 말씀이 육신이 되어 우리 가운데 거하시매 우리가 그의 영광을 보니 아버지의 독생자의 영광이요 은혜와 진리가 충만하더라.' (요 1:1-5, 14)

제 6 장
우리는 동정녀 탄생을 믿을 수 있는가?

이전 장에서 나는 랍비 카플란이 '유대 메시아는 인간이며, 그는 사람인 부모에게서 태어났고 모든 인간과 마찬가지로 살과 뼈를 가진다'라고 가르쳤음을 언급했다. 신약 성경은 예수님의 탄생에 굉장히 특별한 무언가가 있음을 보여주는데, 예수님은 평범한 부모에게서 평범한 방법으로 잉태되지 않으셨다. 이러한 비범한 임신은 이사야 7:14의 성취로 여겨진다.

'그러므로 주께서 친히 징조를 너희에게 주실 것이라 보라 처녀가 잉태하여 아들을 낳을 것이요 그의 이름을 임마누엘이라 하리라.'

예수님은 처녀에게 나셨고 이것이 이사야 7:14에서 예언된 것이 맞는가? '예수님께서 메시아이셨는가?'라는 질문에 대한 공적 토론[43]에서 랍비 쉬무엘 보테아흐(Shmuel Boteach)는 이사야 7:14이 예수님의 처녀 잉태에 대한 예언이라고 주장하는 기독교인은 학문적으로 정직하지 않은 것이라고 말했다. 하지만 이것은 기독교인들이 신약 성경을 거부해야 한다는 것이다. 왜냐하면 마태복음이 예수님의 탄생과 연관해 이사야 7:14을 인용하며 이야기 하고 있기 때문이다.

'이 모든 일이 된 것은 주께서 선지자로 하신 말씀을 이루려 하심이니 이르시되 보라 처녀가 잉태하여 아들을 낳을 것이요 그 이름은 임마누엘이라 하리라 하셨으니 이를 번역한즉 하나님이 우리와 함께 계시다 함이라' (마 1:22-23)

---

43   런던 르하임 협회 (London L' Chaim Society)에서 1998년 1월 19일에 주최한 토론

예수님께서 그의 공생애 동안 임마누엘이라고 불리신적은 없지만, 신약성경은 그가 인성과 신성을 동시에 가지고 계셨기에 문자그대로 '하나님이 우리와 함께 하시는' 임마누엘이심을 가르친다.

예수님은 또한 그의 삶과 사역의 구체적 내용들이 성경(즉 타나흐 또는 구약 성경)에 예언되어 있다고 말씀하셨다.

> '너희가 성경에서 영생을 얻는 줄 생각하고 성경을 연구하거니와 이 성경이 곧 내게 대하여 증언하는 것이니라.' (요 5:39)

징리하사면 둘 중 하나이다. 예수님의 말씀이 옳고, 그분이 오시기 수 세기 전에 쓰인 성경이 그분에 대해 증거되고 있으므로, 우리는 메시아이신 예수님의 말씀을 들어야 하거나, 예수님의 말씀은 틀렸고 성경은 그에 대해 아무것도 말하고 있지 않음으로 우리는 망상에 빠진 예수님의 말씀을 거절해야 한다.

랍비 보테아흐의 의견을 따른다면, 기독교인들은 학문적으로 정직하기 위해 신약 성경과 예수님의 말씀을 거부해야 하고 이것을 제외하면 그 외에 믿을 것이 없음으로 신앙도 함께 버려야 한다. 망상에 사로 잡히고 자신이 존재하기 수백년 전 쓰여진 말씀들이 자신을 의미한다고 주장하는 이를 왜 믿어야 하는가? 예수님께서 예언을 성취하신 것이 아니라면 예언을 성취하신 이가 예수님이라 말하는 책에 왜 주의를 기울여야 하는가? 만일 내가 초서(Chaucer)나 셰익스피어(Shakespeare)의 글들이 나의 삶에 대한 예언을 포함하고 있다고 주장하면 사람들은 내가 미쳤다고 생각할 것이다.

물론 랍비 보테아흐의 견해를 지지하는 기독교인들도 있다. 자유주의 신학은 내부에서 기독교를 훼손시키는 선두주자이며 기독교를 반대하는 유대인들과 무슬림들은 기독교 신앙을 공격하기 위해 이들의 주장을 즐겨 사용한다. 그러나 랍비 보테아흐 같은 정통 유대인들이 자유주의 기독교 성직자들의 주장을 이용하는 것은 어리석은짓이다. 동정녀 탄생, 예수님의 기적, 부활, 그리고 재림에 대한 기독교 신앙을 약화시키는 이같은 사람들은 동일하게 토라가 계시를 통해 주어진 분명한 하나님의 말씀이라는 사실을 부인하기 때문이다. 이들은 창세기의 창조 이야기, 출애굽의 사건들, 그리고 하나님과 이스라엘의 변치 않는 언약에 대한 신앙을 훼손시킨다.

성경에 대한 자유주의적 또는 문자적 해석에 대한 논의를 다루는 것은 이 책의 목적이 아니지만, 내가 지지하는 성경에 대한 관점은 '모든 성경은 하나님의 감동으로 된 것'(딤후 3:16)이라는 것이고 성경의 역사적, 예언적 사건에 대한 문자적 해석을 믿는다.

이사야 7:14 - 무엇이 논점들인가?

예수님과 관련해 이사야 7:14에 대한 두 가지 주요한 반대이유가 있다.

1. 히브리어인 알마(almah)는 '젊은 여자'이지 '처녀'로 번역되어서는 안된다.
2. 문맥상 본문은 시리아 왕인 르신과 이스라엘 왕인 베가가 이끄는 연합군의 침략에 대한 아하스 왕의 두려움에 대한 예언이지 메시아 동정녀 탄생에 대한 예언이 아니다.

알마(עלמה) 또는 베뚤라(בתולה)?

이 구절과 관련한 주 논점은 만약 본문이 여인의 처녀성을 강조하기 위한 것이었다면 '알마'라는 히브리어 보다는, '베뚤라'라는 히브리어가 사용되었어야 한다는 것이다.

1. 성경에서 많은 경우 베뚤라가 '처녀'를 의미하도록 사용되었지만, 이 단어만이 '처녀'를 의미하는 것은 아니다. 이삭을 위한 신부를 찾기 위해 떠난 아브라함의 종에 대한 이야기가 나오는 창세기 24:16에 사용된 단어는 '베뚤라'이다. 물론 이삭의 신부 (리브가)는 당연히 처녀여야만 한다는 것은 너무나 중요하다. 본문은 말하길, '그 소녀 (히브리어: 하나알 / Hanaar)는 보기에 심히 아리땁고 지금까지 남자가 가까이 하지 아니한 처녀더라.' 만약 베뚤라라는 단어가 절대적으로 '처녀'를 의미한다면 '지금까지 남자가 가까이하지 아니한'이라는 표현은 불필요하다.
이것은 마치, '저 어린 여자는 처녀다. 그 처녀는 어떤 남자와도 관계를 맺지 않았다'고 이야기하는 것과 같다. 성경은 불필요한 표현들로 공간을 허비하지 않는다. 이 표현이 암시하는 바는 베뚤라만이 젊은 여인이 확실히 처녀라고 의미하는 단어가 아니라는 것이다. 이삭의 신부의 적임자가 되게 하는데 매우 중요한 처녀성은 명확해야 한다. 흥미롭게도 후에 리브가의 처녀성이 표현될 때 본문(창 24:43)에는 사용된 단어는 알마다. 사사기 21:12에서 '남자를 알지 못하는'이라는 표현이 베뚤라라는 단어와 함께 쓰였다.

2. 요엘 1:8에서 베뚤라는 '어렸을 때에 결혼한 남편'을 향해 애곡하는 여인에 대해 사용된다. 남편을 향해 애곡하는 것을 보아 그녀는 처녀가 아니라는 것을 예상할 수 있다.

3. 베뚤라는 또한 부도덕한 이도교 국가들에 대해 사용된다. '처녀 [베뚤라] 딸 바벨론이여'(사 47:1), '처녀 딸 시돈'(사 23:12) 그리고 '처녀 딸 애굽'(렘 46:11). 문맥에서 이 모든 나라는 이들의 부도덕함 때문에 하나님의 심판을 직면하고 있다.

랍비 보데아흐의 주장이 틀렸다. 이와 같은 주장을 하는 이들은 만약 이사야가 이사야 7:14에서 이들의 주장대로 '알마'가 아닌 '베뚤라'를 사용했다 하더라도 이번엔, '알마'를 사용해야한다고 주장했을 것이다.

성경에서 알마라는 단어는 일곱번 사용되지만 단 한번도 결혼한 여자를 의미하지 않는다. 확실한 처녀에 대해 '알마'라는 단어가 사용된 곳은 다섯 군데나 있다.

1. 창세기 24:43 에서 리브가는 분명히 결혼하지 않은 처녀이다.

2. 출애굽기 2:8 의 미리암의 경우도 역시 그렇다.

3. 시편 68:25은 하나님을 경배하기 위해 성전으로 가는 탬버린을 연주하는 소녀들(결혼하지 않은 여자들)의 행렬을 묘사한다. 이 시편에서 보여주듯, 하나님께서 받으실 만한 경배에 참여하기 위해 소녀들 (알모쓰 [almoth]- 알마의 복수형)은 처녀들이어야 한다.

4. 아가서 1:3에서 처녀가 아닌 솔로몬의 아내와 첩들과 대조하여 '알마'가 사용된다.

5. 아가서 6:8도 동일하다.

예수님에 대해 랍비 보테아흐가 사용한 여섯 번째 예는 잠언 30:18-19이다.

> '내가 심히 기이히 여기고도 깨닫지 못하는 것 서넛이 있나니 곧 공중에 날아다니는 독수리의 자취와 반석 위로 기어 다니는 뱀의 자취와 바다로 지나다니는 배의 자취와 남자가 여자[알마]와 함께 한 자취며'

이어서 20절은 이렇게 기록한다.

> '음녀의 자취도 그러하니라 그가 먹고 그 입을 씻음 같이 말하기를 내가 악을 행하지 아니하였다 하느니라.'

랍비 보테아흐는 20절이 전 절의 내용을 이어가므로 언급된 알마는 '음녀'이지 처녀가 아니라고 주장했다. 그러나 18절에 사용된 '기이한'(נפלאו '니플루')이라는 단어는 부정적이 아닌 긍정적인 의미를 나타낸다. 잠언의 구조는 짧은 격언들의 집합으로서 보통 내용이 연결되기보다는 서로 대조되는 내용으로 구성된다. 이 경우에 20절의 음녀는 19절의 알마와 대조된다.

이제 의문의 대상인 구절, 이사야 7:14을 살펴보자. 알마라는 단어의 어근은 결혼할 나이에 이른, 성적으로 성숙한, 하지만 아직 결혼하지 않은 여인을 의미한다. 고대 유대 문화는 결혼하지 않은 여인은 처녀여야한다고 여겼다. 사실 우리 문화 역시 최근까지만 하더라도 그러했다. 처녀에 대한 독일 단어는 문자적으로 '젊은 여자'를 뜻하는 '융프라우'(Jungfrau)이다. 구약 때 약혼한 여인이 처녀가 아닌 것으로 발견되면 신명기서 22:13-21을 따라 죽음에 처했다. 유대 학자들에 의해 히브리역이 그리스어로 번역된 70인역

(The Septuagint)은 이사야 7:14의 알마를 번역하기 위해 파테노스(parthenos)라는 그리스 단어를 사용한다. 70인역은 예수님의 동정녀 탄생에 대한 기독교의 주장을 전혀 알지 못한, 하지만 오늘날 우리들보다 원본에 훨씬 더 근접한 시대를 살았던 유대 학자들에 의해 약 주전 200년에 만들어졌다. 그리스어에서 파테노스는 오직 '처녀'를 의미하는데 유대학자들이 이 단어를 쓸 것을 기독교 전 유대 학자들이 '아이를 가진 처녀'라는 의미로 이것을 이해했다고 볼 수 있다.

본문에서 알마가 '아이를 임신한 것'은 그녀의 처녀성을 부인하는 것처럼 보인다. 그러나 이 상태는 하나님으로부터 주어진 징조(אוֹת '오쓰') 또는 기적으로 간주한다. 젊은 여자가 보통 방법으로 아이를 임신했다면 징조가 될 만한 어떠한 것이 아니다. 더 나아가 결혼하지 않은 젊은 여자가 아이를 임신한다면 이것은 간음을 의미한다. 하지만 하나님께서 성적 부도덕을 통한 '징조'를 주실 리 없다. 이것으로 보아 알마라는 단어가 이 구절에서 관련된 인물의 처녀성을 강조하기 위해 사용되었다고 주장하는 것은, 랍비 보테아흐가 주장하는 것처럼 이성적으로 부정직한 것이 아니다.

문맥상의 예언 - 세가지 가능한 해석들

1. 이것은 왕국에 대한 위협과 관련해 아하스 왕에게 주어진 예언이다.

2. 동시에 메시아에 관한 예언이다. (즉 예언은 두 가지로 적용될 수 있다.)

3. 두 가지 예언이 존재하는데, 하나는 왕국에 미친 위협에 대해 아하스 왕에게 주어진 것이고 다른 하나는 메시아의 탄생과 관련해 다윗의 모든 집안에 주어진 것이다.

첫 번째 주장은 랍비 보테아흐의 의견이며, 이는 메시아에 관한 어떠한 적용 가능성을 배제한다. 두 번째 해석은 많은 기독교인에 의해 사용되는 것이고 이사야 7:14은 아하스 왕에게 주어진 예언과 동시에 메시아에 관한 예언이라는 것을 의미한다. 세 번째 해석은 우리는 이 장에서 살펴보려고 한다.

본문에 대한 배경

이 구절을 이해하기 위해 우선 살펴보아야 할 중요한 두 가지 말씀이 있다. 첫 번째는,

> '내가 너로 여자와 원수가 되게 하고 네 후손도 여자의 후손과 원수가 되게 하리니 여자의 후손은 네 머리를 상하게 할 것이요 너는 그의 발꿈치를 상하게 할 것이니라 하시고' (창 3:15)

성경에서 가장 처음 등장하는 이 최초 메시아에 대한 예언에 따르면 '여자'의 '후손'이 뱀(즉 사탄)의 머리를 '상하게' 할 것이다. 머리가 부수어지도록 가격하는 것은 치명적이지만, 발꿈치를 상하게 하는 것은 고통스러우나 생명에 지장을 주지는 않는다. 다른 말로 하면 사탄은 치명적인 일격을 당하나 발꿈치를 상하게 된 이는 죽음에는 이르지 않는 고통을 당하게 되는 것이다. 이것은 '여자'로부터 태어날 이가 악한 세력으로부터 인류에게 구속을 가져다 줄 것이라는 의미다. 여기에서 '여자'는 특정한 아이를 낳을 특정한 여인

이다. 이 예언에서 초자연적 탄생에 관한 암시가 있는데, 왜냐하면 '씨'(정자)는 생식 작용에서 남자에 의해 생성되는데, 이 구절은 이 후손이 여자의 '후손'임을 강조하기 때문이다.

이 구절 이후에도 이 '후손'에 대해 성경은 계속 기록하고 있다. 하나님은 아브라함에게 이렇게 말씀하신다. '또 네 씨로 말미암아 천하 만민이 복을 얻으리니(창 22:18)' 이 약속된 씨는 세상의 모든 사람에게 축복을 가져다 줄 메시아이다. 그의 계보는 아담과 이브로부터 셋, 노아, 셈, 아브라함, 이삭, 야곱, 유다, 이새, 다윗(가장 중요한 인물 중 몇몇을 언급하자면)을 아우르는 성경의 혈통을 따른다.

사탄은 메시아의 오심이 사탄의 왕국에 치명적인 타격을 가져올 것을 알기에 이 '후손'을 증오한다. 당연히 사탄은 그 후손의 계보와 그를 낳을 여인에 대해 선포 적대적이다. 그러므로 사탄은 수단을 가리지 않고 메시아의 계보가 이어지지 못하게 할 것이다.

우리가 주목해야 할 두 번째 구절은 나단 선지자를 통해 다윗 왕에게 주어진 예언이다.

'네 생명의 연한이 차서 네가 조상들에게로 돌아가면 내가 네 뒤에 네 씨 곧 네 아들 중 하나를 세우고 그 나라를 견고하게 하리니 그는 나를 위하여 집을 건축할 것이요 나는 그의 왕위를 영원히 견고하게 하리라 나는 그의 아버지가 되고 그는 나의 아들이 되리니 나의 인자를 그에게서 빼앗지 아니하기를 내가 네 전에 있던 자에게서 빼앗음과 같이 하지 아니할 것이며 내가 영원히 그를 내 집과 내 나라에 세우리니 그의 왕위가 영원히 견고하리라 하셨다 하라.(대상 17:11-14)'

이 예언이 먼저는 다윗을 잇는 왕들의 계보에 관해 이야기하고 있다고 볼 수 있지만 그렇다면 이 예언은 완전히 성취될 수 없다. 이 구절은 그 '씨'를 가르키고 있는데 즉 메시아가 될 다윗 왕의 자손이시라.

다윗의 아들 솔로몬 왕은 40년을 다스렸고 많은 아내의 영향으로 결국 주님을 외면하고 이방신들을 섬긴 후 죽는다 (왕상 11). 그 결과 왕국은 여로보암 왕이 다스리며 열지파가 속한 이스라엘 북쪽 왕국과 솔로몬의 아들인 르호보암 왕 아래 두 지파가 속한 유다의 남쪽 왕국으로 분리되었다(열왕기상 12). 여로보암은 우상들을 세우고 율법에 맞지 않는 제사장들을 세우고 토라에서 나오지 않는 절기들을 따르며 토라의 율법들을 무시하고 하나님의 뜻을 따르지 않았다(왕상 12:26-33).

유다의 남쪽 왕국은 선한 왕들과 악한 왕들이 있었는데 악한 왕들이라 할지라도 다윗에게 주어진 언약을 따라 세움받은 합법적인 통치자들이었다. 이들은 선지자들로 인해 언제라도 하나님께로 돌이켜 레위 제사장들이 집행하는 적합한 예물과 절기로 성전에서 합법적 예배를 드릴 가능성이 언제나 있었다.

이사야 7:14의 예언은 다윗과 솔로몬의 연합된 왕국이 이스라엘의 북왕국(에브라임으로 또한 알려진)과 유다의 남왕국으로 분리된 후 약 250년이 지난 후에 주어졌다. 이로부터 20년 후 이스라엘의 북왕국은 앗수르의 침략을 받아 포로로 끌려갔다. 이사야 7장에서 언급된 왕들에게 일어난 일들을 알기위해 우리는 열왕기하 16-17장과 역대하 28장을 보아야 한다.

이사야의 예언에 등장한 아하스는 유다의 최악의 왕들 중 하나였다. 그는 주님으로부터 떠나 바알과 가나안 신들을 섬겼고, 심지어

힌놈 골짜기에서 자신의 아이들을 이방 신에게 예물로 바쳤다. 그의 사악함으로 인해 그는 하나님의 총애를 잃었고 이스라엘 백성에게 주어진 다른 신들을 섬기지 말라는 계명을 어김으로(레위기 26, 신명기 28) 징계가 그 땅에 임했다.

통치 초기에 그는 시리아 왕인 르신과 이스라엘 왕인 베가 왕의 연합군에게 땅과 백성을 잃는 패배를 겪었다. 지금 그를 퇴위시키려고 계획하는 두 왕의 침략과 포위된 예루살렘을 바라보고 있다(사 7:6).

르신과 베가가 아하스를 제거하려는 이유는 그가 앗수르와 동맹하였기때문이다. 시리아 북쪽의 떠오르는 권세로서 시리아와 이스라엘을 침공하려고 위협하고있었다. 이들은 아하스가 앗수르에 대항하는 자신들의 동맹에 가입하기를 권했으나 아하스가 이를 거절하자, 꼭두각시로서 앗수르에 대항한 이들의 협정에 함께할 다브엘의 아들을 유다의 권좌에 세우려고 계획했다.

이사야 예언(7:3-9)의 앞 부분은 이 상황에 관해 이야기하고 있다. 중요한 것은 이사야가 아하스를 '윗못 수도 끝'에서 만났다는것이다. 왜 이런 자세한 내용이 더해졌을까? 이것은 아하스가 다가올 침략과 포위를 두려워 포위에 살아남기 위한 가장 중요한 요소인 수도 시스템을 점검하고 있었음을 보여 준다. 이사야는 그에게 좋은 소식을 전달한다. 르신과 베가의 시도가 실패라는 것이다.

이 음모가 실패하는 이유는 성공할 경우, 다윗의 가계가 끊어지게 되고 그렇게되면 다윗에게 주어진 약속이 무효가 되기 때문이다. 더 중요한 것은 이것이 메시아 계보를 끊어버리는 것이다. 성경의 역사서들은 하나님께서 인간의 실패에도 불구하고 다윗의 혈통을 보전하심을 보여준다. '저가 여호와의 보시기에 악을 행한' 후대 왕, 여호람과 관련해 이렇게 이야기한다.

'여호와께서 다윗의 집을 멸하기를 즐겨하지 아니하셨음은 이전에 다윗과 더불어 언약을 세우시고 또 다윗과 그의 자손에게 항상 등불을 주겠다고 말씀하셨음이더라' (대하 21:7)

이사야의 예언이 아하스에게 격려가 되었지만, 하나님은 그가 여전히 하나님을 향한 불신에 가득 차 있고 빠진 함정에서 하나님의 계획 보다 자신의 계획을 신뢰하고 있음을 알고 계셨다. 이사야 7:9의 마지막 부분은 아하스에 대한 개인적 예언을 담고 있다. '만일 너희가 굳게 믿지 아니하면 너희는 굳게 서지 못하리라 하시니라.' 만약 그가 믿음으로 하나님께 돌아서면 보호받을 것이지만, 계속 불신앙으로 나아간다면 그는 보호받지 못할 것이다.

아하스는 이사야가 이야기하는 것을 듣고 싶지 않은 자신만의 이유를 가지고 있었다. 그는 르신과 베가에 대항해 자신을 방어할 목적으로 앗수르 왕과 비밀 협정을 맺었다. 이것은 마치 귀신들과 싸우기 위해 악마를 사용하는 것과 같은데 왜냐하면 곧 앗수르는 유다 왕국이 지금까지 겪어보지못한 잔인하고 혹독한 적으로 둔갑할 것이기 때문이다. 아하스가 해야만 했던 일은 그의 아들 히스기야처럼 오직 하나님을 신뢰하는 것이었다.

하나님은 이사야에게 준 예언을 확증하기 위한 증표를 제공하신다. 증표 (히브리어 אות '오쓰')는 모든 것을 통치하고 계시는 초월적 하나님이 계시다는 것을 보여주는 것이다. 이때 아하스는 신실한 것처럼 연기한다. 그는 살아계신 하나님을 마주했지만, 하나님 말씀을 듣고 싶지 않았다. 이것이 그의 계획을 수포로 만들 것이기 때문이다. 그는 거룩한 척 둘러댄다. '나는 구하지 아니하겠나이다 나는 여호와를 시험하지 아니하겠나이다(사 7:12).'

아하스 왕이 하나님의 징표를 거절할 때 그는 신명기 6:16을 언급한 것이다. '너희가… 너희의 하나님 여호와를 시험하지 말고.' 그러나 불신자들이 자신들을 정당화하기 위해 때로 말씀을 인용하듯 이 것은 잘못된 인용이다. 히브리어상 이사야 7:13에 변화가 있음이 분명한데, 흠정역(King James Version)을 제외한 다른 역본에서는 분명히 나타나지 않는다. 4-11절에서 '당신(You)'에 해당하는 단어는 단수였다. 다른 말로 하면 하나님은 한 사람, 아하스에게 이야기하고 계셨다. 하지만 그는 귀담아듣지 않았다. 하나님께 경청하지 않은 그의 잘못은 단지 그의 문제만이 아니었다. 이것은 다윗 가문의 대부분 왕의 문제이다.

13-14절에서 예언은 복수의 형태로 '당신(You)'에게 주어진다. 이제 하나님은 다윗의 전체 가문에게 이야기하시고, 하나님께서 이들에게 신물이 나셨음을 이야기하신다. 이들이 원하든 원하지 않든, 이들의 분명한 잘못에도 불구하고 하나님은 정해진 시간까지 이들을 보전하시려는 심오한 이유의 증표를 주려고 하신다. 이 증표가 중요 구절이다.

'보라 처녀가 잉태하여 아들을 낳을 것이요 그의 이름을 임마누엘이라 하리라. (사 7:14)'

여인의 후손과 관련한 메시아에 대한(창 3:15)과 영원한 보좌를 후손들에게 주시겠다고 한 다윗과의 약속으로 인하여 하나님께서는 다윗의 가계를 보전하시고 아하스를 왕위에 두려고 하신다. 비록 그는 사악한 왕이었지만, 다브엘의 자녀들과는 달리 그는 다윗의 후손이었다. 비록 그가 회개하지 않더라도, 그의 후손이 돌이켜 주님을 따를 수도 있다(실제로 히스기야 왕이 그러했던 것처럼).

하나님께서 메시아를 보내기 위해 아하스 아래 다윗의 왕국을 보전하셔야 할 더 중요한 이유가 있다. 앗수르가 결국 이스라엘 북왕

---

44 Arnold Fruchtenbaum, Messianic Christology, pp. 35 - 37.

국을 진압했을 때(왕하 17) 이들은 사람들을 포로로 끌어가 이방인들과 결혼하게 하고, 유대인으로서의 정체성을 잃어버리게 했으며 다시 이스라엘 땅으로 돌아오지 못하게 했다(하지만 이러한 추방을 견뎌내고 이스라엘 모든 족속의 구성원들이 유다에 살고 있었다. 역대하 11:13-17; 15:9 를 보라). 그나저나 영국 이스라엘인(British Israelism)이라는 이상한 신학이 가르치는 것처럼 이들은 북쪽으로 이주하여 영국의 기초가 된 것이 아니다.

만약 남유다 왕국이 앗수르에 의해 포로가 되었더라면, 유대인들은 사라져 버렸을 것이고 메시아에 대한 약속은 실현되지 못했을 것이나. 그래서 하나님은 침략하는 앗수르들로부터 유다를 구하셨다(왕하 18 –19). 어떤 면에서 이것은 선지자 이사야의 사역과 이사야의 가르침에 대한 아하스의 후손 히스기야 왕의 반응 때문이었다. 그러나 본질적으로 이것은 메시아가 오실 때까지 유대인들을 약속의 땅에서 보호하시려는 하나님의 섭리였다.

이사야 8장에서 우리는 다가오는 앗수르를 침략할 것이지만 유다를 정복하는 데 실패할 것이라는 주님의 말씀을 읽게 된다. 이유는 이사야 8:10에 나타난다. '…시행되지 못하리라. 이는 하나님이 우리와 함께 계심이니라.' 이 말씀은 두 가지 측면에서 이해될 수 있다. 첫째로 하나님은 아브라함, 다윗과 맺은 언약을 통해 유다와 함께 계심으로 그의 백성을 보호하실 것이다. 나아가 이 구절은 또한 '임마누엘로 인해 시행되지 못하리라'로 해석될 수 있다. 이 해석이 두 번째 측면을 이해하도록 한다. 앗수르 침공은 실패가 될 것인데 하나님께서 메시아의 오심, 즉 몇 세기 후 동정녀 탄생으로 '여자'에게 태어날 그의 오심을 위해 유대인들을 보호하실 것이기 때문이다.

약 150년 후 유다 왕국이 침략받고 추방당했을 때, 앗수르 왕국은 또한 바벨론 왕국에 의해 멸망했다. 바벨론인들은 정복된 민족에 대한 다른 정책을 시행하고 있어서 이방인과 혼합 없이 유대인 끼리 살도록 하여 이들의 정체성이 유지될 수 있었다. 바벨론 왕국은 그 후 메대와 바사에 의해 멸망 당했다(단 5). 이들도 다른 정책을 시행하고 있어서 바사 왕 고레스는 추방당한 민족들이 자신들의 땅으로 돌아가 정착하도록 하는 칙령을 내렸다(스 1:1-4). 유대인들은 이스라엘로 돌아가 예루살렘과 성전을 재건축함으로 다윗의 왕계를 보전하고 메시아가 오시기까지 약속의 땅에 거주했다. 돌아온 유대의 지도자 중 한 사람은 스룹바벨이었는데, 그는 다윗의 후손이고 유다의 왕들 중 마지막이었던 여고니아의 후손이다.

이런 측면에서 이사야 7:14의 임마누엘 예언은 아하스 왕은 물론이고 다윗을 잇는 모든 왕들의 계보와 분명한 연관이 있다. 하나님은 이들이 주님께서 제시한 길을 걷는데 실패했음에도 불구하고 정해진 시간까지 보전하시는데, 이는 동정녀의 잉태라는 초자연적 방법으로 태어나게 될 '여자의 후손' 메시아를 위함이다.

처녀의 잉태라는 예언 이후 하나님은 아하스 왕에게 다시 말씀하시는데 15절 이후 '너'에 해당하는 단어는 다시 단수가 된다. 약 700년 후에 있을 메시아의 잉태에 관한 예언은 흥미롭지만 궁지에 몰린 아하스에게는 그다지 유용하지 않았다. 이사야는 그를 위협하는 두 왕(르신과 베가)이 '이 아이가 악을 버리며 선을 택할 줄 알기 전에'(즉 독립적으로 도덕적 판단을 할 수 있는 성숙한 나이에 이르기 전에) 사라질 것이라고 선포한다.

이제 해야 할 질문은, '이 예언이 언급하고 있는 아이는 누구인가?' 하는 것이다. 히브리어가 '어떤 아이'라고 하지 않고 '그 아이'라 하기에 이 아이는 본문에서 이미 언급된 아이거나 예언을 듣는자들에게 이미 알려진 아이를 의미한다. 이사야 7장에서 소년에 대한 두 번의 언급이 있다. 14절의 임마누엘, 그리고 3절의 이사야의 아들 스알 야숩. 여기서 말하는 소년은 누구일까?

가장 대표적인 해석은 이것이 임마누엘을 언급한다는 것이다. 다른 말로 하면 이 때 즈음 임마누엘(예수님이 아닌: 역자주)이라고 불리는 아이가 태어날 것이다. 그가 선과 악을 분별하기 전에 아하스가 두려워하는 두 왕들은 더 이상 그에게 위협이 되지 않을 것이다. 이 예언이 두 개의 적용점을 가지고 있다고 주장하는 기독교 주석가들은 이것이 임마누엘이라고 불리우는 한 소년의 탄생과 예수님의 탄생에 동시에 적용된다고 해석한다.

그러나 이러한 해석에는 문제가 있다. 이스라엘왕 베가는 열왕기하 16-17장에 따르면 아하스가 왕위에 오른 지 3년 만에 암살당한다. 비록 이사야 7장의 예언이 아하스 통치 초기에 주어졌더라도 이들의 주장처럼 되기엔 시간이 너무 촉박하다.

아놀드 프루튼바움(Arnold Fruchtenbaum)은 이렇게 이야기한다. 이사야 7:16에서 언급되는 소년은 임마누엘이 아니고, 예언이 주어질 당시 아하스 앞에 서 있던 이사야의 어린 아들, 스알야숩이라는 것이다.[44]

이것은 왜 주님께서 위험한 일임에도 불구하고, 이사야에게 아들과 함께 서라고 하셨는지에 대한 이유를 설명해준다.

또한, 이사야의 아들의 이름은 이 예언의 전체 맥락과 연결이 된다. 이 이름은 장차 있을 유다의 바벨론으로의 추방과 그 후 메시아의 오실 때까지 다윗의 계보를 잇기 위해 다시 이 땅으로 돌아와 거주하게 될 것이라는 남은 자를 가리키는 '남은 자들이 돌아오리라'를 의미하고있다.

아하스의 통치 말기에 이스라엘과 시리아로부터의 그의 왕국에 대한 위협은 멈추었다. 이스라엘 왕 베가는 아하스 왕의 삼년 되는 때에 호세아에 의해 암살되었다. 이스라엘 왕 호세아의 9년째 되는 해, 즉 아하스 왕의 죽음 후 5년 째 되는 해에, 앗수르인들은 시리아와 이스라엘의 북왕국을 침공하여 그곳 사람들을 포로로 끌고 갔다(열왕기하 17). 하지만 하나님은 기적적으로 이사야의 오실 메시아에 대한 예언을 성취하시기 위해 유다 왕국이 앗수르의 포로로 끌려가는 것을 막으셨다(열왕기하 18-19).

요약하자면 두 가지 예언이 있다. 아하스 왕에게 주어져 곧 성취된 일들과 관련한 예언과 다윗의 집에 주어진 초자연적인 아들의 잉태와 탄생에 관한 예언이다. 이 아들이 예수님, 예슈아, 메시아로 성취되는 임마누엘, 즉 '하나님께서 우리와 함께 계시다.' 이시다.

결론

이러한 모든 사건의 결과로 메시아 되신 예수님의 탄생으로 임마누엘의 예언이 성취될 때까지 메시아 계보는 보전되었고 유대인들은 이스라엘 땅에 거주했다. 그의 십자가 형이 있은 후 40년되는 해에 로마인들은 예루살렘과 성전을 파괴하며 유대인들을 내쫓았고 성전 안에 있던 계보 에 관련한 기록들을 모두 말살했다. 그러므로 메시아는 그가 다윗의 후손되심을 나타내시기위해 이 사건 전에 오셨어야 했다. 다니엘 9:26의 예언은 제 2성전 파괴 전 메시아가 오시며 '끊어져 없어질 것'을 암시하고 있는데, 이 예언은 메시아가 성전이 파괴되는 AD 70년 전에 오실 것을 보여주고 있다.

이 구절은 아들의 잉태와 출생을 예언하고 있다. 이것은 표적, 즉 기적적인 사건, 신적 개입이 있어야한다. 이 아들은 결혼 적령기의 여자에게 태어나나, 처녀이어야 하기에 결혼하기 이전의 상태이다.

이미 언급한대로, 하나님께서 간음의 행위를 통해 표적으로 준다는 것은 생각조차 할 수 없다.

이 여자는 '아무 여자'가 아닌 '그 여인/처녀'로 언급된다 (흠정역이 이사야 7:14을 '일반 처녀'로 번역한 것은 맞지 않다). 여기에 대해 아놀드 프루튼바움은 다음과 같이 이야기한다:

'히브리어 문법에 의하면 정관사가 사용될 때 독자는 그 대상을 찾기 위해 바로 전 내용을 살펴 보아야 한다. 7장 1절부터 살펴본 결과 여자에 대한 언급이 전혀없다. 전 내용에서 찾을 수 없으니 두 번째 규칙은 "전 인용의 법칙"인데, 훨씬 이전에 다루어졌거나 사람들 사이에서 일반적 상식을 보는 것이다. 구약 성경에 "아들을 잉태하는 처녀"에 대한 어떤 개념이 있는가? 유일하게 인용할 수 있는 것은 창세기 3:15에서이다 (위에서 언급된 '여자의 후손' 예언). 성경적 개념과는 다르게 메시아는 여자의 후손이다. 왜냐하면 그는 인간 아버지에게서 잉태되는 것이 아니기 때문이다. 그는 처녀로부터 잉태되고 태어날 것이다.'[45]

이 예언은 복음서가 기록하고 있는 동정녀를 통한 메시아의 탄생을 통해 이루어졌다. 가브리엘 천사는 '다윗의 자손 요셉이라 하는 사람과 약혼한 처녀'(누가복음 1:27)에게 이야기하기 위해 왔다. 마리아(미리암)는 여자 중에 큰 '은혜를 받은 자'인데 이는 바로 마리아가 창세기 3:15의 그 '여자'이기 때문이다. 마리아는 결혼하지 않은 처녀여야 했다. 또한 약혼한 상태여야 하는데 만약 그녀가 결혼하지 않은 상태로 이 상황을 접하게 되면 사회에서의 그녀의 위치와 그녀의 아들의 위치가 위태롭기 때문이다. 또한 약혼자가 임신한 사실을 알고도 그녀를 버리지 않아야한다. 그래서 천사는 요셉에게

---

45   Arnold Fruchtenbaum, Messianic Christology, pp. 36 – 37.

마리아의 임신(마태복음 1:20-25)에도 불구하고 결혼을 진행 하도록 권면하기 위해 나타난다. 요셉에게 이 상황을 설명하기 위해, 동정녀 출생에 관한 이사야 7:14의 예언이 언급된다. 마리아는 신약성경에서 귀한 사람으로 여겨진다.(경배 받거나 '하늘의 여왕'으로 등극되지는 않더라도) 하지만 요셉 또한 메시아가 이 땅에 오시는데 중요한 역할을 담당한, 큰 믿음을 가진 진실한 인물이다.

요셉과 마리아 둘 다 다윗의 가문 출신인데, 마태복음 1장에서 주어진 요셉의 족보는 왕가의 족보를, 누가복음 3장의 마리아의 족보는 다윗의 다른 아들, 나단이 등장한다. 누가복음 3장은 '요셉의 위는 헬리요'로 라고 기록하는데 이는 여성의 이름을 언급하지 않는 관례를 따른 것이고, 이 계보는 사실 마리아의 계보이다. 탈무드는 실제로 미리암 (마리아)을 헬리의 밧(딸)으로 언급한다.[46]

요셉이 다윗가문의 사람이라는 것을 이야기한 후(누가복음 1:27) 가브리엘 천사는 마리아에게 다음과 같이 이야기한다.

> 보라 네가 잉태하여 아들을 낳으리니 그 이름을 예수 [예슈아, 구원]라 하라. 그가 큰 자가 되고 지극히 높으신 이의 아들이라 일컬어질 것이요 주 하나님께서 그 조상 다윗의 왕위를 그에게 주시리니 영원히 야곱의 집을 왕으로 다스리실 것이며 그 나라가 무궁하리라 (누가복음 1:31-33)

역대상 17:11-14에서 다윗에게 그의 '후손'과 관련해 약속된 세 개의 영원한 것들 '영원한 보좌, 영원한 집, 영원한 나라'가 성령님에 의해 초자연적으로 잉태하게 될 마리아의 '후손'을 이야기하며 다시 언급되는 것은 우연한 일이 아니다.

46　Jerusalem Talmud, Chagigah 2.4, Sanhedrin 23.3, Babylonian Talmud, Sanhedrin 44.2.

'…성령이 네게 임하시고 지극히 높으신 이의 능력이 너를 덮으시리니 이러므로 나실 바 거룩한 이는 하나님의 아들이라 일컬어지리라' (눅 1:35)

하나님의 목적을 이루시기 위해 하나님께서는 자연 법칙을 초월하실 수 있다.

'대저 하나님의 모든 말씀은 능하지 못하심이 없느니라'
(눅 1:37)

이 구질은 처녀가 잉태한다는 예언에 대한 해결되지 않는 문제에 대한 답을 준다. 예수님으로 인한 성취가 없다면 역대상 17장에서 다윗에게 주어진 약속은 인간적 관점에서 볼 때 실패한 예언이었다. 현재 2500년동안 지구상에 다윗의 계보의 왕은 존재하지 않는다. 여고냐는 유다의 왕좌에 있었던 다윗의 마지막 후손이었다. 예레미야 22:30의 예언에 따르면 여고냐 이후 다윗으로부터 비롯된 왕이 없을 것이다 (바벨론에 포로로 끌려가기 전 실제 마지막 왕, 시드기야는 여고냐의 삼촌이었지 그의 아들이 아니었다).

무엇보다 역대상 17장의 예언이 단순히 다윗의 혈통이 후손들에 대한 것이라면 이것이 성취되는 것은 불가능하다. 이 말씀은 다윗의 후손이 물려받게 될 영원한 집과 보좌와 왕국에 대해 이야기한다. 하지만 어떤 사람도 이러한 것들을 영원히 가질 수 없다. 이것이 성취될 수 있는 유일한 방법은 스스로 영원한 자를 통해서이다. (즉 임마누엘 - 하나님께서 우리와 함께 계시다)

모든 내용과 이사야 7장과 사이의 연관성은 중요하다. 그의 후손들과 관련해 다윗과 맺은 하나님의 언약은 왕들의 계보들을 넘어,

다윗을 계승한 메시아의 초월적 탄생과 그 성취를 말한다. 메시아는 사탄의 왕국에 치명적인 손상을 입힐 것이다.

그러므로 사탄은 그가 할 수 있는 모든 것을 다해 이 예언의 성취를 막으려고 노력할 것이다. 전능한 하나님께선 메시아께서 오시기까지 다윗의 계보를 보전하시고, 유대인들을 이스라엘 땅에 보전하심으로 이 목적들을 이루실 것이다.

성령님은 인간 이상이신 아들을 출산할 정혼한 처녀를 보호하셨다. 그분은 임마누엘, 하나님이 우리와 함께하시는 분이시다. 하나님은 예슈아, 메시아 되신 예수님으로 우리 가운데 오셨다. 그는 사람의 아들이자 하나님의 아들이시다. 또한, 죄가 없으심으로 타락한 인류의 구속을 위한 온전한 희생제물이 되신다.

신약 성경은 메시아께서 우리를 죄로부터 구속하기 위해 어떠한 초자연적인 방식으로 태어나셨는지 보여주고 있다. 하나님께서 스스로 만드신 자연 법칙을 넘어서 인간 아버지의 역할 없이 아들이 태어나도록 하셨다. 그의 적들(요한복음 8:41에서 암시된대로)이 예수님의 출생에 대해 적법하지 않다고 주장하지만, 사람의 형태를 입고 이 땅에 오시는 것이 하나님의 방법이다. 그는 우리를 하나님께로 인도하는 중보자로서 우리와 여전히 함께 계신다.

아하스 왕처럼 우리가 적들에게 둘러쌓여 있을때라도 즉시 우리에게 평화와 안전을 주실 수 있으시다. 아하스는 하나님의 약속에 대한 믿음이 없었기에 다윗의 보좌나 하나님의 왕국에 서지 못했다. 그러나 우리는 메시아되신 예수님안에 드러난 하나님의 약속에 대한 절대적 믿음을 가질 수 있다. 이 모든 것과 그 이상의 것이 예언의 성취로 오셨고 메시아 계획을 완성하시고 다윗의 보좌에서 다스리기 위해 다시 오실 메시아 되신 예수님 안에서 성취될 것이다.

예수님을 믿기위해 이성을 부정해야되는 것이 아니다. 예수님을 믿음으로 다윗의 왕좌와 하나님의 왕국에 굳게 섰던 히스기야처럼 우리는 그저 세상의 흐름을 거스르고 역경 가운데 굳게 서는 용기를 가지면 된다.

제 7 장
고난 받는 종: 이 선지자가 말하는 이는 누구인가?

이사야의 예언과 관련한 다른 큰 이슈는 다음 구절에 집중돼있다.

'보라 내 종이 형통하리니 받들어 높이 들려서 지극히 존귀하게 되리라 전에는 그의 모양이 타인보다 상하였고 그의 모습이 사람들보다 상하였으므로 많은 사람이 그에 대하여 놀랐거니와 그가 나라들을 놀라게 할 것이며 왕들은 그로 말미암아 그들의 입을 봉하리니 이는 그들이 아직 그들에게 전파되지 아니한 것을 볼 것이요 아직 듣지 못한 것을 깨달을 것임이라 우리가 전한 것을 누가 믿었느냐 여호와의 팔이 누구에게 나타났느냐 그는 주 앞에서 자라나기를 연한 순 같고 마른 땅에서 나온 뿌리 같아서 고운 모양도 없고 풍채도 없은즉 우리가 보기에 흠모할 만한 아름다운 것이 없도다 그는 멸시를 받아 사람들에게 버림 받았으며 간고를 많이 겪었으며 질고를 아는 자라 마치 사람들이 그에게서 얼굴을 가리는 것 같이 멸시를 당하였고 우리도 그를 귀히 여기지 아니하였도다 그는 실로 우리의 질고를 지고 우리의 슬픔을 당하였거늘 우리는 생각하기를 그는 징벌을 받아 하나님께 맞으며 고난을 당한다 하였노라 그가 찔림은 우리의 허물 때문이요 그가 상함은 우리의 죄악 때문이라 그가 징계를 받으므로 우리는 평화를 누리고 그가 채찍에 맞음으로 우리는 나음을 받았도다 우리는 다 양 같아서 그릇 행하여 각기 제 길로 갔거늘 여호와께서는 우리 모두의 죄악을 그에게 담당시키셨도다 그가 곤욕을 당하여 괴로울 때에도 그의 입을 열지 아니하였음이여 마치 도수장으로 끌려가는 어린 양과 털 깎는 자 앞에서 잠

잠한 양같이 그의 입을 열지 아니하였도다 그는 곤욕과 심문을 당하고 끌려갔으나 그 세대 중에 누가 생각하기를 그가 살아 있는 자들의 땅에서 끊어짐은 마땅히 형벌 받을 내 백성의 허물 때문이라 하였으리요 그는 강포를 행하지 아니하였고 그의 입에 거짓이 없었으나 그의 무덤이 악인들과 함께 있었으며 그가 죽은 후에 부자와 함께 있었도다 여호와께서 그에게 상함을 받게 하시기를 원하사 질고를 당하게 하셨은즉 그의 영혼을 속건제물로 드리기에 이르면 그가 씨를 보게 되며 그의 날은 길 것이요 또 그의 손으로 여호와께서 기뻐하시는 뜻을 성취하리로다 그가 자기 영혼의 수고한 것을 보고 만족하게 여길 것이라 나의 의로운 종이 자기 지식으로 많은 사람을 의롭게 하며 또 그들의 죄악을 친히 담당하리로다 그러므로 내가 그에게 존귀한 자와 함께 몫을 받게 하며 강한 자와 함께 탈취한 것을 나누게 하리니 이는 그가 자기 영혼을 버려 사망에 이르게 하며 범죄자 중 하나로 헤아림을 받았음이니라 그러나 그가 많은 사람의 죄를 담당하며 범죄자를 위하여 기도하였느니라' (사 52:13-53:12)

선지자는 누구에 대해 이야기하고 있는가?
* 그 자신(이사야)?
* 다른 사람?
* 이스라엘?
* 메시아?

이사야 53장은 이스라엘을 말하는가?

1040년부터 1105년 사이 활동하였고 성경과 탈무드에 대해 매우 영향력 있는 주석을 쓴 프랑스 랍비 학자인 라쉬(Rashi)에 따르면 대답은 분명하다. 이사야 선지자는 이방인들을 위해 고통당하는 이스라엘에 관해 이야기하고 있다. 이것이 대부분의 랍비가 이사야 53장에 대해가진 유대적 해석이다.

그러나, 아놀드 프루튼바움(Arnold Fruchtenbaum)는, '라쉬 이전의 모든 랍비는 예외 없이 이 구절이 메시아를 이야기하는 것으로 보았다. 라쉬가 처음으로 이 구절이 이스라엘 국가에 적용된다고 했을 때, 그는 자기 동료들과 맹렬한 논쟁을 벌였다. 이들 중 가장 유명한 사람이 람밤(Rambam)이라고 알려진 마이모니데스(Maimonides)이다. 람밤은 단호하게 라쉬가 틀리고 이는 전통적 유대 견해와는 반대된다고 이야기했다.'[47]

탈굼(Targum)은 1세기 조나단 벤 웃찌엘(Jonathan ben Uzziel)이 쓴 고대 성경 주석이다. 초기 랍비들은 그의 탈굼들을 자주 인용하였고 그는 성경에 대한 유대적 관점의 권위자로 간주하였다. 이사야 52:13절에 대한 그의 탈굼은 '나의 종 메시아가 형통할 것이다…'라고 함으로 이 구절을 명확히 메시아와 연결한다.[48]

약 7세기경 욤 키푸르(Yom Kippur, 대 속죄일) 오후 예배를 위해 랍비 엘리에저 칼릴(Eliezer Kalir)이 쓴 기도문은 다음과 같다.

'우리의 의이신 메시아께서 우리를 떠나셨다. 공포가 우리를 뒤덮었고, 우리를 의롭게 할 어느 누구도 없다. 그는 우리의 불의와 범죄의 멍에를 지셨으며, 우리의 죄 때문에 상처 받으셨다. 우리의 죄에 대한 용서를 위해 그는 우리의 죄를 그의 어깨에 짊어지셨다. 우리는 주님(The Eternal)이 그 (메시아)를 새 창조물로 창조하실 때 그의 상처로 말미암아 치유 받을 것이다. 오, 가장 깊은 곳에서부터 그를 끌어 올리소서. 우리를 인논(Yinnon)의 손에 의해, 레바논

---

47 Arnold Fruchtenbaum, Messianic Christology, p. 54.
48 The Fifty Third Chapter of Isaiah according to the Jewish Interpreters (New York: Ktav Publishing House, Inc., 1969), p. 5.

산으로 다시 모일 수 있도록 죽음(Seir)으로부터 그를 올리소서.'[49]

이 기도문은 이사야 53장을 인용하여 이 말씀을 '우리의 죄를 지신' 메시아, 그리고 '우리에게서 떠나신' 메시아와 연결한다. 그들을 의롭게 한 이가 없어졌으므로 이는 그들에게 두려움을 일으킨다. '인논'은 메시아의 이름인데 기도문은 심지어 메시아께서 '저희를 모으시기 위해' 다시 오심을 이야기하고 있다.

1350년 스페인 코르도바(Cordova)의 랍비 모셰 코헨 이븐 크리스핀(Moshe Cohen Ibn Crispin)은 라쉬의 견해를 반박하며 이사야 53장에 대해 다음과 같이 기록했다.

'나는 라쉬의 그럴싸한, 그리고 믿도록 강요되는 이런 해석을 따르지 않겠다. 이사야의 예언은 장차 오셔서 이스라엘을 구속하실 메시아의 특징을 우리에게 알려 주기위해 기록되었다.'[50]

약 1550년에 랍비 알쉐흐(Alshech)는 이사야 53장에 대해 다음과 같이 이야기했다.

'우리의 랍비들은 한 목소리로 이사야 53장의 선지자는 왕 메시아에 대해 이야기하고 있다고 믿으며 또한 동일한 관점을 지지한다.
약 1575년에 랍비 엘리야 드 비다스(Eliyah de Vidas)는 이사야 53장은 메시아에 관한 것일 뿐이며 이것을 믿지 않는 자들은 그들의 죄를 스스로 짊어져야 할 것이라고 이야기했다.
'그는 우리의 범죄로 상처를 입으셨고, 우리의 불의로 상함을 당하

---

49 Prayer Book for the Day of Atonement (New York Hebrew Publishing Company, 1931), p. 239.
50 The Fifty Third Chapter of Isaiah according to the Jewish Interpreters, pp. 99 - 102.

셨는데, 이는 메시아께서 우리의 죄를 지심으로 상함을 입으셨다는 것이다. 메시아께서 우리의 불의를 위해 고통 당하셨다는 것을 인정하지 않는 자들은 스스로 고통 당하고 상처 입어야 하는 것이다.'[51]

이렇게 모든 랍비는 이사야 53장이 죄를 위해 고통당하는 메시아에 관한 것이지 이방인들을 위해 고통당하는 이스라엘에 관한 것이 아니라고 이야기한다.

그렇다면 라쉬가 이사야 53장이 이방인들을 위해 고통 하는 이스라엘에 관한 예언이라고 이야기하는 것이 맞는말인가? 이것이 메시아의 고통에 대한 것이라고 주장하는 랍비들은 틀린 것인가? 우리가 본문을 연구해 본다면 라쉬의 해석은 다음과 같이 해석하게 될 수 있음으로 다른 질문을 야기하게 된다.

이사야는 이방인이다

그의 해석대로라면 5, 6절은 다음을 의미해야 한다. '그[이스라엘]가 찔림은 우리의 허물 때문이요.' '우리[이방인]는 다 양 같아서 그릇 행하여 각기 제 길로 갔거늘 여호와께서는 우리 모두의 죄악을 그[이스라엘]에게 담당시키셨도다.' 이 구절에서 대명사 '우리'는 이사야, 그리고 그가 동일시하는 백성을 의미해야 하고 '그', 그리고 '그에게'라는 대명사는 '종 (Servant)'을 의미해야 한다. 이러한 경우 이사야와 그가 동일시하는 백성은 이방인들이고 종이 말하는 백성은 이스라엘이다. 그렇다면 이사야 53장은 이방인에 의해 씌여진 것인가?

---

51 The Fifty Third Chapter of Isaiah according to the Jewish Interpreters, p. 386.

이스라엘은 속죄의 형태로 이방인의 죄들을 담당한다

그렇다면 이사야가 그의 예언의 첫 번째 장에서 이스라엘의 죄들에 대해 강력한 어조로 이야기하고 그의 백성이 회개하도록 촉구하는 것은 무엇을 의미하는가?

> 슬프다 범죄한 나라요 허물 진 백성이요 행악의 종자요 행위가 부패한 자식이로다 그들이 여호와를 버리며 이스라엘의 거룩하신 이를 만홀히 여겨 멀리하고 물러갔도다.' (사 1:4)

또한 어떻게 죄많은 어떤 이가 다른 이들의 죄를 담당할 수 있는가? 사실 이스라엘은 이방인들을 대신해서가 아니라 이방인들의 죄 때문에 고통 당한다. 하나님과 메시아에 대한 진실된 이해를 거부하는 이방인들은 자주 유대인들을 핍박했다. 그러나 이것은 창세기 12:3에 따라 잘못을 범한 이방인을 하나님의 저주 아래 놓이게 했다. '너를 축복하는 자에게는 내가 복을 내리고 너를 저주하는 자에게는 내가 저주하리니.' 반유대주의를 따른 이들에게 어떤 선한 것이 주어질 리 없지만, 이사야 53장에 나온 종은 그의 고통에 책임 있는 자들이라 할 지라도 이들이 죄악을 지시는 종에게 돌이키면 그가 (11절) 공의와 치유를 주실 것이라 이야기한다.

라쉬의 해석에 따르면 유대인은 이방인들을 위해 죄를 담당하는 이들이다. 이것은 어떤 의미에서 이방의 반 유대주의자들이 유대인들을 사회의 모든 것에 잘못된 것들에 대한 책임을 지는 속죄 염소로 만들어 유대인들을 비난하는 고정 관념과 연결된다. 우리가 주목해야할 다른 한가지는 유대인들은 단 한번도 자진해서 이방인들의 손에 고통 당하지 않다는 것이다. 하지만 이사야 53장의 종은 본인의 의지로 자신을 희생물로 드린다.

이스라엘/유대인들은 존재를 그치게 된다

이사야 53장의 '종 (Servant)'은 문자그대로 죽음에 처하게 된다. '그가 살아 있는 자들의 땅에서 끊어진다.'(8절) '그가 자기 영혼을 버려 사망에 이르게' 한다.(12절) 유대인들이 죽임을 당했지만, 국가나 민족 차원은 아니었다. 홀로코스트 동안악한 영에 사로잡힌 지도자들은 유대인들을 파멸하기 위해 노력했다. 그러나 반유대주의자들의 사악한 의도에도 불구하고 '암 이스라엘 하이(Am Israel Chai, 이스라엘 민족은 살아있다)' 이스라엘 민족은 여전히 존재한다. 이것은 태양과, 달과 별들이 존재하는 한 이스라엘은 주님 앞에서 나라가 될 것이라고 선언한 예레미야 31:35 - 37의 예언의 성취이다. 이사야 53장의 '종'은 죽어 자기 영혼의 수고를 보시기 위해 부활하실 것이다. 여기서 보듯 유대민족은 항상 있어왔고, 그러므로 그들은 부활할 필요가 없다.

이사야 53장이 메시아에 관한 것이라면?

지금까지 우리는 이사야 53장에 대한 유대교 내 랍비들의 해석을 보았는데 흥미롭긴하나 충격적인 것은 아니다. 그러나 만약 라쉬가 틀리므로 이 예언이 다른 나라들을 위해 고통 당하는 이스라엘이 아니고, 메시아에 관한 것이라면, 이는 유대교에 매우 큰 문제를 일으키는 해석이 나온다.

위에서 언급된 랍비 칼릴의 기도는 '우리로부터 떠났고', '우리의 죄를 짊어지시고', '우리에게 치유를 가져오실 분'으로 메시아를 이야기한다. 랍비 엘리야 드 비다스는 메시아가 우리의 죄를 위해 고통당하신다는 것을 믿지 않는 자마다 '스스로 인내하고 고통당할 것이다'라고 이야기한다.

만약 메시아께서 '우리로부터 떠나셨다'라면 이것은 그가 이미 나타나셨다는 것을 의미하는가? 역사 가운데 다른 사람의 죄를 담당한 인물이 있었는가? 만약 우리가 그를 믿지 않는다면 우리는 우리의 죄를 위해 스스로 인내하고 고통받아야 하는가?

신약 성경은 십자가에서의 예수님의 고통은 이사야 53장의 성취라고 말한다. 이 해석이 본문의 의미와 상통하는가? 이 본문을 연구하고 신약 성경이 무엇이라 말하는지 찾아보길 바란다.

이사야 52:13-15

이 구절은 나머지 본문에 자세히 묘사된 '종(The Servant)'을 소개한다. 종은 매우 높임을 받을 것이다. 그러나 그전에 그는 모욕을 당하고 거의 알아보지 못할 정도로 육체적인 고통을 당할 것이다. 하지만 최종적으로 그는 '나라들을 놀라게 할 것이며' 왕들은 그 앞에서 침묵할 것이다.

마가복음 15장의 십자가 죽음에 대한 묘사는 간략하지만 생생하다.

> '빌라도가 무리에게 만족을 주고자 하여 바라바는 놓아 주고 예수는 채찍질하고 십자가에 못 박히게 넘겨 주니라 군인들이 예수를 끌고 브라이도리온이라는 뜰 안으로 들어가서 온 군대를 모으고 예수에게 자색 옷을 입히고 가시 면류관을 엮어 씌우고 경례하여 이르되 유대인의 왕이여 평안할지어다 하고 갈대로 그의 머리를 치며 침을 뱉으며 꿇어 절하더라 희롱을 다한 후 자색 옷을 벗기고 도로 그의 옷을 입히고 십자가에 못 박으려고 끌고 나가니라 마침 알렉산더와 루포의 아버지인 구레네 사람 시몬이

시골로부터 와서 지나가는데 그들이 그를 억지로 같이 가게 하여 예수의 십자가를 지우고 예수를 끌고 골고다라 하는 곳 (번역하면 해골의 곳)에 이르러 몰약을 탄 포도주를 주었으나 예수께서 받지 아니하시니라 십자가에 못 박고 그 옷을 나눌새 누가 어느 것을 가질까 하여 제비를 뽑더라 때가 제삼시가 되어 십자가에 못 박으니라 그 위에 있는 죄 패에 유대인의 왕이라 썼고'
(막 15:15-26)

이같은 정도의 육체적 고통과 모욕을 겪은 사람은 어느 누구라도 이사야가 예언한 것처럼 거의 형체를 알아볼 수 없을 것이다. 그러나 이러한 고통에도 불구하고 이사야가 예언한 것과 동일하게 그는 다시 생명으로 일어나 가장 높은 곳에 오를 것이다. 베드로는 오순절날 그의 설교에서 이것에 대해 이야기한다.

'이스라엘 사람들아 이 말을 들으라 너희도 아는 바와 같이 하나님께서 나사렛 예수로 큰 권능과 기사와 표적을 너희 가운데서 베푸사 너희 앞에서 그를 증언하셨느니라 그가 하나님께서 정하신 뜻과 미리 아신 대로 내준 바 되었거늘 너희가 법 없는 자들의 손을 빌어 못 박아 죽였으나 하나님께서 그를 사망의 고통에서 풀어 살리셨으니 이는 그가 사망에 매여 있을 수 없었음이라 다윗이 그를 가리켜 가로되 "내가 항상 내 앞에 계신 주를 뵈었음이여 나로 요동하지 않게 하기 위하여 그가 내 우편에 계시도다 그러므로 내 마음이 기뻐하였고 내 혀도 즐거워 하였으며 육체도 희망에 거하리니 이는 내 영혼을 음부에 버리지 아니하시며 주의 거룩한 자로 썩음을 당하지 않게 하실 것임이로다 주께서 생명의 길을 내게 보이셨으니 주 앞에서 내게 기쁨이 충만하게 하시리로다" (시편 16:8-11을 보라)

형제들아 내가 조상 다윗에 대하여 담대히 말할 수 있노니 다윗이 죽어 장사되어 그 묘가 오늘까지 우리 중에 있도다 그는 선지자라 하나님이 이미 맹세하사 그 자손 중에서 한 사람을 그 위에 앉게 하리라 하심을 알고 미리 본 고로 그리스도[Messiah]의 부활을 말하되 그가 음부[Sheol]에 버림이 되지 않고 그의 육신이 썩음을 당하지 아니하시리라 하더니 이 예수를 하나님이 살리신지라 우리가 다 이 일에 증인이로다 하나님이 오른손으로 예수를 높이시매 그가 약속하신 성령을 아버지께 받아서 너희가 보고 듣는 이것을 부어 주셨느니라 다윗은 하늘에 올라가지 못하였으나 친히 말하여 이르되 "주께서 내 주에게 말씀하시기를 내가 네 원수로 네 발등상이 되게 하기까지 너는 내 우편에 앉아 있으라 하셨도다" (시편 110:1을 보라)

그런즉 이스라엘 온 집은 확실히 알지니 너희가 십자가에 못 박은 이 예수를 하나님이 주와 그리스도[Messiah]가 되게 하셨느니라 하니라' (행 2:22-36)

이사야 52:15은 또한 많은 나라를 '뿌리는'(역주: 개역개정은 이것을 '놀라게'로 번역하고 있으나 히브리어 원문은 '뿌리는'임) 종에 관해 이야기한다. 이것은 예수님의 피가 하나님께서 우리의 죄들을 용서하시는 수단이었던 동물 희생의 피를 대체한다는 신약 성경의 가르침이다.

'그리스도께서는 장래 좋은 일의 대제사장으로 오사 손으로 짓지 아니한 것 곧 이 창조에 속하지 아니한 더 크고 온전한 장막으로 말미암아 염소와 송아지의 피로 하지 아니하고 오직 자기의 피로 영원한 속죄를 이루사 단번에 성소에 들어가셨느니라 염소와 황소의 피와 및 암송아지의 재를 부정한 자에게 뿌려 그 육체를 정결하게 하여 거룩하게 하거든 하물며 영원하신 성령으로 말미암아 흠 없는 자기를 하나님께 드린 그리스도의 피[Messiah]가 어찌 너희 양심을 죽은 행실에서 깨끗하게 하고 살아 계신 하나님을 섬기게 하지 못하겠느냐 이로 말미암아 그는 새 언약의 중보자시니 이는 첫 언약 때에 범한 죄에서 속량하려고 죽으사 부르심을 입은 자로 하여금 영원한 기업의 약속을 얻게 하려 하심이라' (히 9:11-15)

'우리가 그에게서 듣고 너희에게 전하는 소식은 이것이니 곧 하나님은 빛이시라 그에게는 어둠이 조금도 없으시다는 것이니라 만일 우리가 하나님과 사귐이 있다 하고 어둠에 행하면 거짓말을 하고 진리를 행하지 아니함이거니와 그가 빛 가운데 계신 것 같이 우리도 빛 가운데 행하면 우리가 서로 사귐이 있고 그 아들 예수[Messiah]의 피가 우리를 모든 죄에서 깨끗하게 하실 것이요.' (요일 1:5-7)

이사야 53:1-3

이 구절들은 이 종의 사역에 따라다니게 된 그를 향한 반대에 대해 이야기한다. 사람들은 그의 말을 믿지 않을 것이다. 그의 출신은 사람들의 기대를 충족시키지 못하므로 거절당할 것이다. 이는 그로 애통하게 할 것이다.

신약 성경은 공사역 기간 동안 정확히 이런 이유로 예수님에 대한 거절이 있었음을 기록한다. 그는 오실 메시아가 태어나리라고 예언된 장소인 베들레헴이 아닌 나사렛에서 태어나셨다고 생각하는 사람들에 의해 거절되셨다(미 5:1, 요 1:46; 7:40-44; 9:29; 12:37-41). 그는 자기 가족에게 거절당하고(마 13:55, 눅 4:16-30을 보

라) 함께 자란 이들도 '이는 그 목수의 아들이 아니냐'라고 말하며 그를 거절했다.

또한 안식일에 행하셨던 기적과(요 9:16), 죄인들과 동행하심(마 9:11, 눅 15), 무엇보다 하나님과 동일하다는 그분의 말씀으로 인해 (마 26:65, 막 2:7, 요 8:58; 10:30) 종교지도자들에게 거절당하신다. 그는 심지어 체포 당시 곤란할 때 깨어서 기도하지 못하고 (마 26:36-46), 도망가고 심지어 안다는 것을 부인한 (막 14:27-72) 제자들에 의해 거절당하셨다. 그리고 십자가 위에서 세상의 죄가 그에게 지어짐으로 심지어 아버지에 의해 거절당하셨다. 이것이 그가 메시아 시편 22장, '나의 하나님, 나의 하나님, 어찌하여 나를 버리셨나이까'(마 27:46)의 말씀을 인용하신 이유이다.

이 모든 것에서 볼 수 있듯이 예수님은 이사야가 예언하는 종의 모습대로 슬픔을 경험하셨다.

> '베드로와 세베대의 두 아들을 데리고 가실새 고민하고 슬퍼하사 이에 말씀하시되 내 마음이 매우 고민하여 죽게 되었으니 너희는 여기 머물러 나와 함께 깨어 있으라 하시고' (마 26:37-38)

이사야 53:4-6

이 구절들은 종의 고통에서 더 나아가 그의 고통의 목적에 대해 이야기한다. 그의 죽음은 그가 하나님께 징벌을 받아 하나님께 맞으며 고난 당한다고(다른 말로 하면 자신의 죄로 고통당한다고) 이야기하는 이들에 의해 잘못 해석되었다. 하지만 그의 고통은 오롯이 사람들의 죄에 대해 속죄하고자 함이다. 또한, 가장 극심한 고통과 아픔을 통과하셨기에 그는 현재 고통을 겪고 있는 모든 이들의 슬픔을 아시고 그 슬픔을 가져가실 수 있다. 주님은 우리 모두의 죄악을 그가 지도록 하셨기에 우리는 그를 통해 용서받을 수 있다. 예수님은 신성모독과 로마에 반역한 것으로 고소를 당해 악명 높은 범죄자로 처벌 되셨다. 집행한 로마 총독은 흥미롭게도 예수님께서 누구신지에 대한 진리를 나타내는 '나사렛 예수, 유대인의 왕'이라는 모욕적 팻말을 십자가 위에 달도록 지시했다. 그는 이를 통해 예수님뿐 아니라 유대인 종교 지도자들은 예수님을 멸시하며 그가 메시아이고 이스라엘의 왕이라는 잘못된 주장을 했기 때문에 이러한 처벌 받는 것이라고 주장했다 (막 14-15). 심지어 오늘날도 조롱자들은 '예수님은 나의 죄가 아닌 본인의 죄를 위해 고통당하셨다'고 조롱하는 이들이 있다.

그러나 진정으로 예수님께 돌이키는 모든 이들은 예수님께서 자신들의 죄를 용서하시고 영원한 생명을 주시는 분이라는 것을 알게 된다. 예수님의 죽음의 이유는 신약 성경에 분명히 기록되어있다.

'인자가 온 것은 잃어버린 자를 찾아 구원하려 함이니라'
(눅 19:10)

'하나님이 세상을 이처럼 사랑하사 독생자를 주셨으니 이는 그를 믿는 자마다 멸망하지 않고 영생을 얻게 하려 하심이라 하나님이 그 아들을 세상에 보내신 것은 세상을 심판하려 하심이 아니요 그로 말미암아 세상이 구원을 받게 하려 하심이라'
(요 3:16-17)

'… 그리스도[Messiah]도 너희를 위하여 고난을 받으사 너희에게 본을 끼쳐 그 자취를 따라오게 하려 하셨느니라 그는 죄를 범하지 아니하시고 그 입에 거짓도 없으시며 욕을 당하시되 맞대어 욕하지 아니하시고 고난을 당하시되 위협하지 아니하시고 오직 공의로 심판하시는 이에게 부탁하시며 친히 나무에 달려 그 몸으로 우리 죄를 담당하셨으니 이는 우리로 죄에 대하여 죽고 의에 대하여 살게 하려 하심이라 그가 채찍에 맞음으로 너희는 나음을 얻었나니 너희가 전에는 양과 같이 길을 잃었더니 이제는 너희 영혼의 목자와 감독 되신 이에게 돌아왔느니라.'
(벧전 2: 21-25)

이사야 53:7-9

이 구절은 인간적 관점에서 본 메시아의 고통에 대해 이야기한다. 그는 정의롭지 못한 심판과 사형선고에도 불구하고 그 모든 것을 기꺼이 받아들이신다. 본문은 그는 문자 그대로 죽임을 당한 것이고 그의 죽음이 '나의 백성'의 죄를 위함이라고 언급된다. 그가 무덤에 악인들과 함께 묻힐 것이지만 죽음의 순간에 '부자(The Rich)'의 어떤 개입이 있을 것이다.

가야바와 본디오 빌라도 앞에서의 예수님의 심문은 불공평할 뿐만 아니라 유대와 로마법 모두를 어긴 것이었다.

'대제사장들과 온 공회가 예수를 죽이려고 그를 칠 거짓 증거를 찾으매 거짓 증인이 많이 왔으나 얻지 못하더니…'
(마 26:59-60)

예수님은 본인을 옹호하려 하지 않으셨는데 세상을 구속하기 위해 십자가를 지셔야함을 알고 계셨기 때문이다.

'대제사장들과 장로들에게 고발을 당하되 아무 대답도 아니하시는지라 이에 빌라도가 이르되 그들이 너를 쳐서 얼마나 많은 것으로 증언하는지 듣지 못하느냐 하되 한 마디도 대답하지 아니하시니 총독이 크게 놀라워하더라' (마 27:12-14)

수도 없이 비슷한 처형들을 보아왔던 로마 군인들은 예수님께서 십자가에서 내려지기 전 이미 죽었다는 것을 알았다.(요 19:32-35) 이사야의 예언 측면에서 볼 때 다음에 일어난 일은 매우 흥미롭다. 보통 십자가형에 처한 이들은 다른 이들에게 경고가 되도록 계속 시체를 매달아 두거나 또는 이들의 시신들을 예루살렘 바깥 힌놈 골짜기 공동 묘지에 던졌다. 이대로라면 예수님의 부활에 대한 말이 많았을 것이다.

하지만 하나님은 부자 아리마대 요셉을 개입시키셨고 자신의 무덤에 예수님을 장사할 수 있도록 본디오 빌라도에게 요청하게 하셨다.(마27:57-60) 빌라도는 여기에 동의했는데, 아마 '저 옳은 사람'(마 27: 19)과 아무 상관도 하지 말라는 그의 부인의 꿈에 영향을 받아서이거나 예수님을 기적을 행하는 자로 여겼던 로마의 미신 때문일 것이다. (로마 권력자들은 예수님께서 나사로를 죽음으로부터 일으키셨다는 사실을 알고 있었을 것이다. 요 11:47-48) 예수님의 몸은 돌을 굴려 봉함된 무덤에 있었다. 만약 시신이 공동묘지에 던져졌더라면 부활을 확증하거나 거짓 소문을 반박하기 어려웠을 것이다. 단단히 봉해져 돌무덤에 뉘어진 주님의 시신으로 인해 제자들이 시체를 훔쳐갔다는 소문은 신빙성이 별로 없었다(마 28). 만약 공동묘지에 예수님의 시신이 버려졌다면, 종교 지도자들이 거짓으로 예수님의 시신을 조장해 부활을 주장하는 제자들이 거짓말쟁이라고 주장하고 모든 메시아 운동을 쉽게 사그라뜨릴 수 있었을 것이다. 두 달이 채 지나지 않아 제자들은 예수님께서 죽음에서 부활하셨음을 예루살렘에서 증거했고, 그렇게 함으로써 반대, 감옥, 심지어 죽음을 직면했다. 그 누구도 조작한 이야기를 위해 그렇게 희생을 감내하지 않는다.

이사야 53:10-12

이 구절은 '종'의 죽음의 목적과 그가 죽음에서의 부활하실 것을 이야기한다. 그는 자기 '씨'를 보며 만족하실 것이고 죄를 담당함으로 많은 이에게 의를 부여하실 것이다. 그가 기꺼이 죄인으로 여겨짐을 당하고 죽임을 당하셨기에 하나님께선 그를 매우 높이실 것이다. 또한, 그는 범죄자들을 위해 중보하실 것이다.

우리가 이미 2장에서 보았듯이 예수님의 죽음에 대한 최종 책임을 지신다. 이사야 53:10은 우리에게 '여호와께서 그에게 상함을 받게 하시기를 원하사 질고를 당하게 하셨은즉'이라고 이야기한다. 신약 성경은 여기에 전적으로 동의하며 예수님의 죽음이 세상의 죄와 하나님의 의지로 이루어졌다고 말한다. (행 4:25-28) 그의 죽음은 예수님의 죽음이 성취하셨듯이 문자 그대로 이루어져야 했고, 그러나 그의 '씨를 보며' 만족할 것이다.

어떻게 이런 일이 가능한가? 유일한 방법은 그가 죽음에서 일어났기 때문이다. 예수님은 이것을 제자들에게 설명했고 세상 모든 곳으로 가서 사람들에게 그에 관해 이야기할 것을 명하셨다. 이를 통해 사람들이 그를 알게 될 것이고, 십자가의 고통으로 세상 많은 사람을 하나님의 왕국으로 들어오게 됐기에 가치가 있음을 보게 되어 그는 만족하실 것이다.

'또 이르시되 내가 너희와 함께 있을 때에 너희에게 말한 바 곧 모세의 율법과 선지자의 글과 시편에 나를 가리켜 기록된 모든 것이 이루어져야 하리라 한 말이 이것이라 하시고 이에 그들의 마음을 열어 성경을 깨닫게 하시고 또 이르시되 이같이 그리스도가 고난을 받고 제 삼일에 죽은 자 가운데서 살아날 것과 또 그의 이름으로 죄 사함을 받게 하는 회개가 예루살렘에서 시작하여 모든 족속에게 전파될 것이 기록되었으니 너희는 이 모든 일의 증인이라 볼지어다 내가 내 아버지께서 약속하신 것을 너희에게 보내리니 너희는 위로부터 능력으로 입혀질 때까지 이 성에 머물라 하시니라' (눅 24:44-49)

사도행전은 복음의 전파가 예루살렘에서 시작해 '유대와 사마리아' 그리고 세상 끝까지 이룰 것을 보여준다. 이로 인해 많은 사람들이 의롭게 되고, 하나님과 바른 관계를 가지게 된다.

'이제는 전에 멀리 있던 너희가 그리스도 예수 안에서 그리스도의 피로 가까워졌느니라 그는 우리의 화평이신지라 둘로 하나를 만드사 원수 된 것 곧 중간에 막힌 담을 자기 육체로 허시고 법조문으로 된 계명의 율법을 폐하셨으니 이는 이 둘로 자기 안에서 한 새 사람을 지어 화평하게 하시고 또 십자가로 이 둘을 한 몸으로 하나님과 화목하게 하려 하심이라 원수 된 것을 십자가로 소멸하시고 또 오셔서 먼 데 있는 너희에게 평안을 전하시고 가까운데 있는 자들에게 평안을 전하셨으니 이는 그로 말미암아 우리 둘이 한 성령 안에서 아버지께 나아감을 얻게 하려 하심이라' (엡 2:13-18)

마지막으로 이사야서에서 그가 죄인들을 위해 중보하셨다는 것을 읽게 하시며, 예수님은 복수하는 것이 자기 뜻이 아님을 제자들에게 알리신다. 십자가에서 예수님은 '아버지 저들을 사하여 주옵소서 자기들이 하는 것을 알지 못함이니이다' (눅 23:34)라고 말씀하셨다.

결론

내가 위에서 제시하는 것보다 이사야 53장이 메시아 되신 예수님의 죽으심과 부활을 의미한다고 제시할 수 있는 증거는 많다. 이 구절이 이스라엘의 이방인을 대신해 고통받는 절이라고 주장하는 라쉬가 틀리고 이것이 메시아의 고통에 대한 것이라고 한 랍비 알쉐흐의 주장이 옳다면, 예수님 외에 누가 이 예언을 성취했다 말할 수 있는가? 이사야의 고통 받는 '종'은 그의 백성을 그들의 죄로부터 구속하는 메시아이다. 또한, 이사야는 이방인이 아니며 몇 세기 후에 하나님께서 메시아되신 예슈아/예수님 가운데 성취할 진리를 받은 위대한 유대 선지자이다.

제 8 장
'내가 피를 볼 때에'

앞에서 우리는 많은 나라들을 뿌리는 '종'에 대해 이야기하는 이사야 52장을 살펴 보았고 이것을 예수님의 속죄의 피로 연결했다. 히브리서는 레위기에서 요구하는 동물의 피를 예수님께서 메시아로서 흘리는 피와 연결한다.

현대 유대교는 오늘날 속죄의 피가 더 이상 요구되지 않는다고 가르친다. 주후 70년 로마에 의해 성전이 무너질 때, 산헤드린은 랍비 요하난 벤 작카이(Yochanan ben Zakkai)아래 야브네(Yavneh)에서 모였다. 하나님과 인간 사이의 중재의 수단으로서 제물이 불필요함을 이야기하듯 보이는 성경의 몇몇 구절들에 기초한 신학을 발전시켰다. 예를 들면,

'순종이 제사보다 낫고' (삼상 15:22)

'여호와께서 말씀하시되 너희의 무수한 제물이 내게 무엇이 유익하뇨 나는 숫양의 번제와 살진 짐승의 기름에 배불렀고 나는 수송아지나 어린 양이나 숫염소의 피를 기뻐하지 아니하노라… 헛된 제물을 다시 가져오지 말라 분향은 내가 가증히 여기는 바요…' (사 1:11, 13)

'나는 인애를 원하고 제사를 원하지 아니하며 번제보다 하나님을 아는 것을 원하노라' (호 6:6)

이러한 구절들에 기초해 유대교는 제사 제도를 지나간 역사로 분류하는 신학을 만들었다. 더 이상 성전이 없고 하나님께서 지정하신 제물을 드릴 통로가 없다는 사실은 이 관점을 확증하는 것처럼 보였다. 그리고 랍비들은 하나님께서 동물 제사의 피를 대체하는 회개, 기도, 금식 그리고 선행을 통해 죄를 용서하실 수 있음을 선언했다. 바벨론 포로시절 이후 회당과 가정이 성전 경배를 대체할 수 있다는 사상을 더욱 확장시켰다.

'성전이 있을 때 제단에서 이스라엘을 위한 속죄가 드려졌다. 그러나 이제 개인의 식탁에서 그를 위해 속죄가 드려진다.'[52]

또한 진지한 회개는 충분히 죄를 덮는다고 여겨진다.

'죄를 범했으나 이를 부끄럽게 여기는 이는 그의 모든 죄를 용서받는다.'[53]

마이모니데스는 회개로 우리의 죄를 속죄할 수 있다고 주장했다.

'성전이 더 이상 존재하지 않고 속죄단을 가지고 있지 않은 지금 회개 외에 남은 것이 없다. 회개로 모든 죄들을 속죄한다. 설혹 어떤 이가 한 평생 악하게 살다가 마지막에 회개한다 할지라도, 우리는 그에게 그의 악함에 대해 어떤 것이라도 이야기할 수 없는데, 기록되었듯이 '악인이 돌이켜 그 악에서 떠나는 날에는 그 악이 그를 엎드러뜨리지 못할 것'(겔 33:12)이기 때문이다. 욤 키푸르(대속죄일)에 회개하는 이의 죄를 속죄한다.'

---

52   Berachot 55a.
53   Berachot 12b.

'이 날에 너희를 위하여 속죄하여 너희로 정결하게 하리니 너희의 모든 죄에서 너희가 여호와 앞에 정결하리라.' (레 16:30)[54]

하나님께서 죄를 용서하기 위해 제물이 필요치 않다고 말씀하시는가? 위에서 언급된 선지자들의 성경 구절들로 돌아가 문맥을 살펴보자. 하나님께서 그의 백성에게 말씀하신 문제는 이들의 진실함 없이 계속 죄를 짓는 채로 제물을 드린다는 것이다. 하나님께선 '너희들이 더 이상 제물을 바칠 필요가 없다'라고 하지 않으셨다. 말씀하신 것은, '너희 마음과 행동이 나와 멀어진 채로, 나를 기쁘게 한다면 외적으로 행동만 취하고 있기 때문에 너희의 제사는 내 앞에서 의미가 없다'는 것이다. 이는 회개하고 동시에 진실된 마음으로 제물을 바치라고 요구하시는 것이지 제물을 바치는 대신 회개만 하라는 것이 아니다.

성경의 모든 가르침을 살펴본다면 우리는 하나님과 인류 사이에 언약이 세워지는 거의 모든 경우, 피 흘림이 있는 제물도 언약이 이루어지는 것을 볼 수 있다. 아담과 이브는 자신들의 벗음을 가리기 위해 무화과 나무 잎을 입었지만, 하나님은 이것을 용납하지 않으시고 동물의 죽음으로 동물 가죽으로 입히셨다.(창 3:7, 21) 가인은 땅의 열매를 바쳤지만 받아들여지지 않은 반면, 아벨은 그의 가축의 '첫 새끼'(즉 동물의 죽음이 수반되는 희생)를 바쳤고 하나님께서 이를 받으셨다.(창 4:3-4) 노아는 방주에서부터 정결한 동물로 제사를 드렸고 이것은 주님께 향기로운 예물이 되었다.(창 8:20-22) 하나님은 아브라함이 동물로 제사를 드린 후 후손들과 약속의 땅과 관련해 언약을 맺으셨다.(창 15) 하나님께서 토라를 주신 후 모세는 사람들에게 율법을 낭독하고 하나님의 언약을 확증하기 위해 희생된 동물들의 피를 사람들과 제단에 뿌렸다.(출 24:3-8)

---

54 Moses Maimonides, Mishneh Torah, Laws of Repentance, 1.3, 2.1, 9-10.

이것은 하나님께서 피에 굶주리셨기 때문인가, 아니면 어떠한 원시적 의식인가? 아니면 하나님께서 이를 통해 우리가 알아야 하는 중요한 것을 말씀하고 계시는가? 성경에 의하면 죄로 인해 죽음이 세상에 임했다.

> '아담에게 이르시되 네가 네 아내의 말을 듣고 내가 네게 먹지 말라 한 나무의 열매를 먹었은즉 땅은 너로 말미암아 저주를 받고 너는 네 평생에 수고하여야 그 소산을 먹으리라 땅이 네게 가시덤불과 엉겅퀴를 낼 것이라 네가 먹을 것은 밭의 채소인즉 네가 흙으로 돌아갈 때까지 얼굴에 땀을 흘려야 먹을 것을 먹으리니 네가 그것에서 취함을 입었음이라 너는 흙이니 흙으로 돌아갈 것이니라 하시니라' (창 3:17-19)

에스겔서에는 이렇게 기록되어있다. '범죄하는 그 영혼은 죽으리라' (겔 18:4)

죄를 덮고 그 형벌을 피하기 위해서 우리를 대신해서 죽을 누군가가 필요하다. 모세의 언약에서는 토라에 주어진 율법을 따라 그 피를 드린 (그러므로 죽은) 동물이 이 역할 감당했다. 이것이 죄로 말미암아 발생한 하나님과 인류 사이의 장벽이 제거될 수 있는 유일한 방법이었다. 하나님은 거룩하시고 우리는 그렇지 않다. 거룩한 이에게 연합될 수 있는 유일한 길은 우리가 정하는 것이 아니라 그가 제시하는 길을 따르는 것이다. 주님은 그의 백성과 교제하기 위해 피 흘림을 요구하셨다. 레위기 17:11은 이렇게 이야기한다.

> '육체의 생명은 피에 있음이라 내가 이 피를 너희에게 주어 제단에 뿌려 너희의 생명을 위하여 속죄하게 하였나니 생명이 피에 있으므로 피가 죄를 속하느니라'

양을 희생하여 자신들의 집 문설주에 그 피를 바르도록 했던 유월절 저녁과 또한 피의 중요성을 보여주고 있다.

'여호와께서 애굽 사람들에게 재앙을 내리려고 지나가실 때에 문 인방과 좌우 문설주의 피를 보시면 여호와께서 그 문을 넘으시고 멸하는 자에게 너희 집에 들어가서 너희를 치지 못하게 하실 것임이니라' (출 12:23)

유대인들의 문에 더는 피를 찾을 수 없기 때문에 멸하는 자가 쉽게 유대인들을 죽일 수 있는 것은 아닐까? 그러나 성전의 파괴 후로 피제사가 없었고 현대 유대교는 이것이 더 이상 필요 없다고 여긴다. 그래서 위의 레위기 에서도 보았듯이 피의 제사는 필수적이다. 동물 제사로 돌아가자고 주장하는 것이 아니다. 이미 '세상 죄를 지고 가시는 하나님의 어린양' 메시아 예수님으로 죄를 위한 최종 제사가 드려졌다. 그는 유월절 당시, 모든 인류의 죄를 용서하기 위해 그의 피를 흘리셨다.

'그리스도께서는 장래 좋은 일의 대제사장으로 오사… 염소와 송아지의 피로 하지 아니하고 오직 자기의 피로 영원한 속죄를 이루사 단번에 성소에 들어가셨느니라' (히 9:11, 12)

옛 언약 하에서는 회개와 희생된 동물의 피를 믿는 믿음을 통해 용서를 받았다. 그는 그가 죽어야 했지만, 하나님께서 자비 가운데 대신 다른 희생물을 받으셨음을 알았다. 동물의 피는 장차 오실 메시아의 피를 예표 하기 때문에 의미가 있는 것이다. 새 언약에서도 동일한 원칙이 적용된다. 우리는 회개와 우리의 죄들을 위해 흘리신 메시아의 피를 믿음으로 용서를 받는다.

'…[메시아께서] 자기를 단번에 제물로 드려 죄를 없이 하시려고 세상 끝에 나타나셨느니라 한번 죽는 것은 사람에게 정해진 것이요 그 후에는 심판이 있으리니 이와 같이 그리스도도 많은 사람의 죄를 담당하시려고 단번에 드리신 바 되셨고 구원에 이르게 하기 위하여 죄와 상관 없이 자기를 바라는 자들에게 두 번째 나타나시리라' (히 9: 26-28)

새 언약도 옛 언약과 동일한 원칙이 적용된다. 하나님께 오는 자들은 자신의 죄를 회개하고 그가 정하신 희생 제물을 믿어야 한다. 옛 언약 하에서 이것은 희생된 동물의 피였다. 새 언약에서 이것은 메시아 되신 예수님의 피이다. 이 희생을 받아들임으로 우리는 하나님과 다시 언약의 관계로 들어가게 된다.

십자가에 달리기 직전 예수님은 제자들과 유월절을 기념하셨다. 그는 출애굽을 의미하는 상징인 맛조(matzo, 무교병)와 포도주를 자신에게 적용하신다.

'이르시되 내가 고난을 받기 전에 너희와 함께 이 유월절 먹기를 원하고 원하였노라 내가 너희에게 이르노니 이 유월절이 하나님의 나라에서 이루기까지 다시 먹지 아니하리라 하시고 이에 잔을 받으사 감사 기도 하시고 이르시되 이것을 갖다가 너희끼리 나누라 내가 너희에게 이르노니 내가 이제부터 하나님의 나라가 임할 때까지 포도나무에서 난 것을 다시 마시지 아니하리라 하시고 또 떡을 가져 감사 기도 하시고 떼어 그들에게 주시며 이르시되 이것은 너희를 위하여 주는 내 몸이라 너희가 이를 행하여 나를 기념하라 하시고 저녁 먹은 후에 잔도 그와 같이 하여 이르시되 이 잔은 내 피로 세우는 새 언약이니 곧 너희를 위하여 붓는 것이라' (눅 22:15-20)

여기서 예수님은 애굽의 노예 상태에서 벗어나는 출애굽 이상을 이야기하고 계신다. 바로 죄에 대한 종노릇에서 벗어나 하나님과의 교제라는 언약의 땅으로 들여보내시겠다는 것이다. 출애굽기에서 하나님은 그들을 죽음에서 생명으로 인도하시기 위해 죽음의 천사가 그들을 넘어가도록 문설주에 피를 바르라고 하셨다.

오늘날 하나님은 영원한 죽음과 하나님으로부터의 분리를 넘어 하나님 왕국에서의 영원한 생명으로 들어가도록 하기 위해 메시아의 피를 우리 개인의 삶에 적용할 것을 말씀하신다. 예수님께서 새 언약과 연관지어 말씀하신 잔은 유대 유월절 예식에서 식사 후 마시는 세 번째 잔으로, 이를 '구속의 잔'이라고 부른다.

이것으로 보아 하나님께서 죄에 대해 속죄하심으로 구약의 제사를 메시아의 희생으로 바꾸신 것이지 메시아의 희생이 없이는 기도와 선행, 금식으로 대체하신 것이 아니다. 다음 장에서 보겠지만 메시아의 대속적 죽음과 동물 제사 중단의 원인이 된 성전 파괴 사이에는 중요한 연관이 있다.

예수님께서 십자가에서 죽으실 때 그의 마지막 말씀은, '다 이루었다'(요 19:30)이었다. 이는 그의 생명이 끝난 것이 아니며, 구속의 사역은 완성되었고 여기에 어떤 것도 더할 필요 없다는 의미이다. 이것은 또한 이제 성전에서의 동물 제사가 불필요하며 이제 이러한 제사는 오히려 불신앙과 불순종의 모습이 됨을 의미했다.

신약 성경의 히브리서는 성전에서의 동물 제사가 십자가에서 흘리신 예수님의 피로 세워진 언약의 피를 짓밟는 것이기에 참여해서는 안 된다는 것을 보여 주기 위해 예수님을 믿는 유대인들에게 쓰인 것이다.(히 10:26-39)

또한, 이 장의 초반부에 인용된 신약성경의 구절들은 거짓의 희생 제물에 대항해 이야기한 선지자들과 정확하게 일치한다. 이미 살펴

보았듯 문제는 하나님께서 희생물을 원치 않으시는 것이 아니다. 문제는 회개와 믿음과 의로운 행동 없이 바쳐지는 희생물은 하나님께 의미 없고 도리어 걸림돌이 된다는 것이다.

고린도전서 11장에서 바울은 이렇게 기록한다.

> '그러므로 누구든지 주의 떡이나 잔을 합당하지 않게 먹고 마시는 자는 주의 몸과 피에 대하여 죄를 짓는 것이니라 사람이 자기를 살피고 그 후에야 이 떡을 먹고 이 잔을 마실지니 주의 몸을 분별하지 못하고 먹고 마시는 자는 자기의 죄를 먹고 마시는 것이니라' (고전 11:27-29)

이것은 사람들이 주 예수님을 기념한다고 하며 '분별하지 못하고' 빵과 포도주를 취하는 것은 하나님께 적합하지 못하다는 뜻이다. 하나님께서 찾으시는 것은 진정한 회개와 구원자와 주로서의 예수님에 대한 신앙이다. 만약 이것이 빠진다면 빵과 포도주를 취하는 것은 회개 없이 제물을 드리는 것과 똑같고, 이는 이장의 초반부 이사야서에서 주님께서 이스라엘을 책망하셨던 바로 그 문제이다. 이러한 행위는 우리에게 선이 되기는커녕, 우리로 하나님의 심판을 받게 한다.

그러므로 이 문제에 있어 신약성경의 가르침은 타나흐 (Tenach, 구약성경)와 정확히 일치한다. 하나님은 인류를 용서하기 위해 희생의 피 뿐만 아니라 회개와 믿음을 요구하신다. 타나흐 아래서 속죄의 피는 동물의 제사 때문에 공급되었다. 하지만 신약 성경에 들어서며 이 속죄의 피는 메시아께서 스스로 제물이 되심으로 드려진다. 이 영원한 하나님의 언약은 유대인과 이방인 모두를 하나님과 화목하게 한다.

창세기 14:18-20은 어떤 면에서 이 모든 것을 예표하는 신비의 인물에 대해 이야기한다. 그는 멜기세덱(의의 왕이라 의미하는)이라 불렸으며 살렘의 왕(평화의 왕)이기도 했다. 그는 성경에 기록된 첫 번째 전쟁에서 돌아가는 아브라함을 만난다. 전쟁으로부터 돌아가는 길에 의와 평화의 왕을 만나는 것은 적절한 타이밍이다. 멜기세덱은 예수님께서 세상 죄를 위해 드려질 자신의 몸과 피의 상징으로 제자들에게 빵과 포도주를 주셨던 것과 동일하게 아브라함에게 빵과 포도주를 준다(눅 22:19-20).

그렇다면 멜기세덱은 누구인가? 아브라함에게 나타난 메시아, 또는 메시아의 한 유형? 본문에서 이것은 분명하게 나타나지 않지만, 그가 매우 존귀한 분이셨다는 것은 분명하다. 시편 110편은 '멜기세덱의 서열을 따라 영원한 제사장'이 될 어떤 이에 대한 예언을 기록한다. 이 사람은 누가 될 것인가? 시편 110편은 '여호와 (The Lord)께서 내 주 (My Lord)에게 말씀하시기를'이라는 문장으로 시작한다. 그렇다면 어떻게 주님께서 주님께 말씀하실 수 있는가? 이는 우리가 이미 5장에서 다루었듯이 오직 하나님께서 복수적 연합체이어야만 가능하다.

신약 성경 히브리서는 멜기세덱을 '… 지극히 높으신 하나님의 제사장이라… 아버지도 없고 어머니도 없고 족보도 없고 시작한 날도 없고 생명의 끝도 없어 하나님 아들과 닮아서 항상 제사장으로 있느니라'(히 7:1, 3)고 묘사한다. 또한, 끊임없이 드려져야 하는 레위 제사장의 제사가 더 나은 언약으로 대체되었음을 이야기한다. 메시아 되신 예수님을 통해 완전하게 된 이 언약은 대체될 필요가 없다. 회개와 예수님을 믿음으로 이 언약에 들어온 우리는 모두 이제 하나님의 심판을 두려워할 필요가 없다.

'한번 죽는 것은 사람에게 정해진 것이요 그 후에는 심판이 있으리니 이와 같이 그리스도도 많은 사람의 죄를 담당하시려고 단번에 드리신 바 되셨고 구원에 이르게 하기 위하여 죄와 상관없이 자기를 바라는 자들에게 두 번째 나타나시리라'
(히 9:27-28)

제 9 장
제 2성전의 함락

그렇다면 오늘날 동물 제사를 어떻게 보아야 하는가? 성전을 다시 건축하고 동물 제사를 다시 드리고자 소원하는 예루살렘의 몇몇 정통파 유대인들이 있다. 성전산 신실자(The Temple Mount Faithful)[55]들은 성전에서 사용된 기물들을 다시 만들고 로마인들이 AD 70년 로마로 가져가고 바티칸 창고에 보관되어 있다고 추측되는 금촛대(메노라)[56]의 반환을 바티칸에 청원하고 있다.

사실 이것은 예언적 이유로 재건된 성전을 보기 원하는 몇몇 기독교인들에 의해 부추겨진 사소한 이슈이다. 정작 중요한 문제는 성전이 있던 곳이 현재 이슬람 통치 하에 있고, 현재 바위 사원(Dome of the Rock)이 서 있는 자리에 성전을 재건하려는 어떠한 시도도 이슬람 세계로부터 소동을 야기할 것이라는 사실이다. 또한 제사장 계열과 산헤드린을 다시 설립하는 제사 제도의 재설립과 관련해 적지 않은 문제들이 있다. 한 유대인 친구가 언젠가 이야기하기를,

'우리는 누가 대랍비 (Chief Rabbi)가 될 것인가와 관련해 의견을 모으는 것도 쉽지 않다. 하물며 누가 대제사장이 될 것인지에 대해 의견을 모을 수 있을까?'

유대인들에게 있어 제 2성전의 파괴는 엄청난 중요성을 갖는 사건이었다. 랍비 켄 스파이로(Ken Spiro)는 이렇게 기록한다.

---

55 성전산 신실자는 현재 무슬림 바위 돔 사원이 있는 곳, 즉 고대 성전이 있던 곳에 유대 성전이 재건되어야 한다고 믿는 종교적 시온주의 운동이다. 이들은 재건될 성전에서 사용하기 위해 용기들을 준비하고 동물 제사들을 드리기 위해 제사장 혈통 (코헨들)의 사람들을 훈련시키고 있다.

56 금촛대는 광야의 성막과 성전에 위치하며 일곱개의 가지를 가진 촛대이다. 주후 70년 로마인들이 성전을 함락시킬 때 승리의 기념으로 성전 안의 보물들을 로마로 가져갔다. 티투스 개선문 (The Arch of Titus)은 금촛대가 옮기워졌음을 묘사하고 있다.

'제 2성전의 파괴는 유대인들의 역사 가운데 가장 중요한 사건이고, 가장 우울한 사건 중 하나이다. 이것은 하나님께서 유대인들로부터 거리를 두신다는(하지만 분명히 버리지는 않으신다는) 징표이다. 유대인들이 '영원한 나라'가 될 것이라는 약속을 따라 살아남겠지만, 성전이 있는 동안 이들이 누리던 특별한 관계는 사라졌다… 제 2성전은 왜 파괴되었는가? 바로 시낫 치남(sinat chinam), 즉 유대인들 사이에 서로를 향한 이유 없는 증오 때문이다(탈무드 - 요마[Yomah]).'[57]

하나님께서 이러한 비극이 이스라엘에 일어나도록 허락하신 것에 대해 이유가 있을 것이다. 성전의 파괴는 유대인들의 역사에 있어서 가장 중요한 사건들 중 하나라는 랍비 스파이로의 말에는 동의한다. 그러나 탈무드가 제시한 이유는 만족스럽지 못하다. 랍비가 이야기하듯, 오늘날 유대인들은 예전 모세, 여호수아, 기드온, 다윗과 같은 지도자들 아래에서 적들에 대항해 하나님의 보호와 승리를 경험했던 하나님과의 관계 안에 있지 않다. 반면 이들은 신명기 28:64-66의 성취를 경험해 왔다.

'여호와께서 너를 땅 이 끝에서 저 끝까지 만민 중에 흩으시리니 네가 그 곳에서 너와 네 조상들이 알지 못하던 목석 우상을 섬길 것이라 그 여러 민족 중에서 네가 평안함을 얻지 못하며 네 발바닥이 쉴 곳도 얻지 못하고 여호와께서 거기에서 네 마음을 떨게 하고 눈으로 쇠하게 하고 정신을 산란하게 하시리니 네 생명이 위험에 처하고 주야로 두려워하며 네 생명을 확신할 수 없을 것이라'

---

57   Rabbi Ken Spiro, 'Crash Course in Jewish History Part 35 – Destruction of the Temple,' 웹싸이트: aish.com.

왜 이러한가? 신명기 28장 전체는 분명한 해답을 준다. 1-14절은 이스라엘에게 주어진 하나님의 평화, 번영, 그리고 보호의 모든 축복은 한가지 단순한 조건에 달려 있음을 말하고 있다. '네가 네 하나님 여호와의 말씀을 삼가 듣고 내가 오늘날 네게 명하는 그의 모든 명령을 지켜 행하면'(1절) 이 장의 나머지는 이들이 불복종했을 경우 이스라엘에 임할 하나님의 심판을 기록한다. 이스라엘 사람들의 직접적 경험한 성경에 기록된 이스라엘의 모든 역사는 신명기 28장의 실현이다.

하나님을 떠났을 때 이들은 타국의 침략, 가뭄, 사회적 분열과 혼란 등으로 그의 심판을 경험했다. 그리고 하나님께선 이스라엘이 타국의 침략자들을 대항해 승리케 하시며 평안으로 돌이키게 하려고 하나님의 말씀을 전달하는 선지자들과 지도자들을 일으키셔서 하나님의 축복으로 돌이킬 방법을 사람들에게 보여 주셨다. 그러나 이스라엘이 이 말씀을 거절할 때 하나님께서는 이방 나라들을 통해 징벌을 허락하셨다.

랍비 스파이로가 이야기했듯 이스라엘 역사 가운데 가장 큰 고난은 로마에 의한 예루살렘 성전 파괴와 흩어짐으로 시작되었다. 이러한 고난이 나사렛 예수, 예슈아의 말씀 뿐만 아니라 그의 죽음과 부활을 통해 말씀하신지 한 세대 안에 발생했다는 것이 우연인가? 하나님은 모세에게 이렇게 말씀하셨다.

> '내가 그들의 형제 중에서 너와 같은 선지자 하나를 그들을 위하여 일으키고 내 말을 그 입에 두리니 내가 그에게 명령하는 것을 그가 무리에게 다 말하리라 누구든지 내 이름으로 전하는 내 말을 듣지 아니하는 자는 내게 벌을 받을 것이요'
> (신 18:18-19)

만약 예수님께서 모세가 이야기하고 있는 그 선지자라면, 이는 탈무드가 제시한 이유보다 AD 70년 발생한 성전파괴의 더욱 타당한 이유가 된다. 특히 종교 지도자들은 예수님의 말씀에 귀 기울이지 않았고, 그래서 하나님은 이러한 재앙이 일어나도록 허락 하셨다. 이것이 '이유 없는 증오'가 이론보다 훨씬 더 타당한 설명이다. 만약 '이유 없는 증오'가 성전의 파괴와 유대인들의 흩어짐, 홀로코스트에 이어지기까지 심각한 것이라면 분명 하나님은 그전에 선지자를 보내 서로 사랑할 것을 이야기하셨을 것이다. 사실 그는 그렇게 하셨다. 예수님은 말씀하시기를,

'새 계명을 너희에게 주노니 서로 사랑하라 내가 너희를 사랑한 것같이 너희도 서로 사랑하라' (요 13:34)

바벨론인의 의한 첫 번째 성전 파괴를 보면 하나님은 장차 올 사건에 대해 경고하기 위해 선지자들을 연이어 보내셨다. 예레미야는 하나님께서 성전이 무너지고 유대인들이 바벨론으로 잡혀 가기 전 그 당시 세대에게 말씀하시기 위해 세우신 주의 선지자이다. 그는 선지자로서 세가지를 이야기했다.

1. 그는 어떤 일이 일어날 것인지 이야기했다.
2. 그 이유를 말했다.
3. 그리고 회복의 약속을 주었다.

사십 년 동안 예레미야는 그 세대에게 죄를 회개하지 않는 한, 바벨론이 침략해 예루살렘과 성전을 파괴하고 포로로 잡아갈 것을 경고했다. 그 이유는 우상 숭배와 이들이 하나님의 계명을 어겼기 때문이었다.

> '보라 너희가 무익한 거짓말을 의존하는도다 너희가 도둑질하며 살인하며 간음하며 거짓 맹세하며 바알에게 분향하며 너희가 알지 못하는 다른 신들을 따르면서 내 이름으로 일컬음을 받는 이 집에 들어와서 내 앞에 서서 말하기를 우리가 구원을 얻었나이다 하느냐 이는 이 모든 가증한 일을 행하려 함이로다'
> (렘 7:8-10)

예레미야의 말을 들은 백성은 회개하기는커녕 평화와 보호를 받을 것이라고 이야기하는 거짓 선지자들의 말을 들었다. 예레미야는 무시 받고 거절 당했다. 그러나 예레미야는 단지 멸망을 선포하는 선지자가 아니었다. 그는 유대 백성이 바벨론으로부터 돌아올 것과 미래에 대한 희망을 약속했다.

> '여호와께서 이와 같이 말씀하시니라 바벨론에서 칠십 년이 차면 내가 너희를 돌보고 나의 선한 말을 너희에게 성취하여 너희를 이곳으로 돌아오게 하리라 여호와의 말씀이니라 너희를 향한 나의 생각을 내가 아나니 평안이요 재앙이 아니니라 너희에게 미래와 희망을 주는 것이니라' (렘 29:10-11)

이 약속은 바사인들 (Persians)이 바벨론 왕국을 허물고, 바사 황제 고레스가 유대인들이 약속의 땅으로 돌아가 예루살렘에 성전을 재건축하도록 칙령을 내림으로 실현되었다.(스 1:1-4) 이렇게 아브라함의 후손들이 하나님께서 아브라함에게 약속하셨던 땅으로 돌아옴으로서 이 언약은 성취되었다.

하지만 예레미야는 유대인들의 귀향을 넘어 하나님께서 이스라엘의 집과 새로운 언약을 맺으시는 때를 바라본다. 이 언약의 조건은 하나님께서 유대인들을 애굽에서 데리고 나오실 때 이스라엘과 맺으신 언약과 조금 다르다.

'그러나 그 날 후에 내가 이스라엘 집과 맺을 언약은 이러하니 곧 내가 나의 법을 그들의 속에 두며 그들의 마음에 기록하여 나는 그들의 하나님이 되고 그들은 내 백성이 될 것이라 여호와의 말씀이니라 그들이 다시는 각기 이웃과 형제를 가리켜 이르기를 너는 여호와를 알라 하지 아니하리니 이는 작은 자로부터 큰 자까지 다 나를 알기 때문이라 내가 그들의 악행을 사하고 다시는 그 죄를 기억하지 아니하리라 여호와의 말씀이니라'(렘 31:33-34)

새 언약은 인류로 하여금 하나님의 계명을 범하게 하는 죄성의 문제를 다루기 위해 오실 메시야를 가리키고 있다. 예수님께서 이사야 53장 (그리고 많은 다른 예언들)을 성취하기 위해 오실 때 유월절 기간에 세상의 죄를 위한 제물로 죽으심을 통해 새 언약을 세우셨다.

유대인들이 죽음의 천사로부터 그들을 보호했던 양의 피(출애굽기 12장을 보라)를 기억하기 위해 유월절 양들을 드리는 때에, 예수님은 시편 22편, 다니엘서 9:26, 그리고 스가랴 12:10의 성취로서 십자가에서 죽으셨다.

그는 '세상 죄를 지고 가는 하나님의 어린 양'(요 1:29)이었다. 우리가 전 장에서 보았듯 그는 자기 피의 보호 아래 오는 모든 이들을 영원한 죽음으로부터 구원하신다. 새 언약이 세워진 것이 하나님과 유대인의 관계가 끝났고 아브라함과 맺은 언약이 더는 적용되지 않는다는 것을 의미하는가?

많은 교회가 실제로 이스라엘과 맺은 언약이 이제 교회에 주어졌다는 '대체 신학'을 가르친다. 그러나 하나님께서는 새 언약을 세우신 후에 태양과 달과 별들이 존재하는 한 이스라엘은 주님 앞에서 나라로 존재할 것이라고 이야기하셨다.(렘 31:35-36)

우리가 예수님의 말씀을 주의 깊게 본다면 이스라엘과 관련해 예수님 또한 예레미야가 이야기했던 동일한 예언적 방법으로 사역하셨음을 볼 수 있다.

1. 그는 다가올 재앙에 대해 경고하셨다.
2. 그는 말씀하신다.
3. 그리고 회복의 약속을 주신다.

예수님께서 그의 십자가에서의 죽음과 부활에 이르는 주간의 시작에 예루살렘으로 올라가실 때, 감람산 중턱에 멈추셔서 도시를 바라보며 우셨다.

그분은 말씀하시기를,

'이르시되 너도 오늘 평화에 관한 일을 알았더라면 좋을 뻔하였거니와 지금 네 눈에 숨겨졌도다 날이 이를지라 네 원수들이 토둔을 쌓고 너를 둘러 사면으로 가두고 또 너와 및 그 가운데 있는 네 자식들을 땅에 메어치며 돌 하나도 돌 위에 남기지 아니하리니 이는 네가 보살핌 받는 날을 알지 못함을 인함이니라 하시니라' (눅 19:42-44)

예수님은 AD 70년에 닥치게 될 예루살렘과 성전의 파괴를 예언하셨다. 그분은 믿는 자들에게 군대들이 진격해 오는 것을 볼 때 도시로부터 피하라고 말씀하셨는데, 왜냐하면, 이것이 무시무시한 학살과 파괴로 이어질 것이기 때문이다. 그는 또한 유대 반란의 동기가 로마로부터 구속할 자에 대한 잘못된 메시아 소망에 기반을 두고 일어날 것을 아셨다. 이것이 랍비 아키바에 의해 메시아로 주장된 바르 코크바(Bar Cochba)가 주도한 두 번째 유대 반란(132-135)이다.

> '… 이는 땅에 큰 환난과 이 백성에게 진노가 있겠음이로다. 그들이 칼날에 죽임을 당하며 모든 이방에 사로잡혀 가겠고 예루살렘은 이방인의 때가 차기까지 이방인들에게 밟히리라'
> (눅 21:23-24)

이 구절에서 예수님은 장차 있을 예루살렘의 멸망과 유대인들이 이방땅으로 흩어질 것을 경고하셨다. 그 이유는 '이것은 하나님께서 너를 찾아오신 때를 네가 알지 못했기 때문이다.'(눅19:44) 다른 말로 하면 예수님을 메시아로 알아보지 못했기 때문에 이러한 흩어짐이 발생한 것이다. 이런 의미에서 오늘날 주장대로는 아니지만, 유대교의 '이유 없는 증오'의 이론에 어느 정도는 일리가 있다.

이유 없는 증오의 대상이 누구인가? 이에 대한 유대적 대답은 '이유 없는 증오'란 예루살렘을 방어하는 서로 다른 유대 분파들의 내분이 로마인들이 들어와 도시를 취하도록 한 것을 의미한다고 한다. 그러나 예수님께선 자신에 대한 거부와 십자가를 말씀하시며 '이유 없는 증오'에 대해 말씀하셨다.

> '나를 미워하는 자는 또 내 아버지를 미워하느니라 내가 아무도 못한 일을 그들 중에서 하지 아니하였더라면 그들에게 죄가 없었으려니와 지금은 그들이 나와 내 아버지를 보았고 또 미워하였도다 그러나 이는 그들의 율법에 기록된 바 **그들이 이유 없이 나를 미워하였다** 한 말을 응하게 하려 함이라' (요 15:23-25, 시 69:4 인용)

탈무드에 장차 올 성전의 파괴에 대한 경고가 있다는 것을 발견하는 것은 놀라운 일이다. 예수님의 메시아 되심에 대한 어떤 암시를 찾기 위해 아무도 탈무드를 들여다보지 않겠지만, 탈무드는 성전이 파괴되기 40년 전에 어떠한 일이 있었고 실제로 성전이 파괴되기 40

년 전에 영적으로 황폐해질 것을 암묵적으로 이야기하고 있다. 그리고 성전 몰락 40년 전에 예수님은 장차 닥치게 될 성전 파괴와 당신을 세상의 죄를 위한 제물로 드림으로 동물 제사가 그치게 될 것을 예언하셨다.

제 2성전 당시 욤 키푸르(대속죄일) 관습은 레위기 16장을 따라 두 염소를 취해 주님께 제물로 바치는 것이었다. 첫 째 염소는 '주님을 위한 것'이었고 둘 째 염소는 속죄 염소로서의 '아사셀(l'azazel)'이었다. 대제사장은 제비뽑기로 염소를 고르고 만약 그의 오른손으로 '주님을 위한' 염소를 데려오면 좋은 징조이고 왼손으로 데리고 오면 나쁜 징조로 보았다. 첫째 염소는 지성소에서 희생되고, 백성의 죄들이 전가된 둘째 염소는 레위기 16:21을 따라 광야로 보내진다. 주홍색 띠가 속죄염소의 목에 둘러지고 이 염소는 예루살렘에서 12마일(약 19km) 떨어진 광야 절벽으로 보내진다. 이스라엘의 가을 절기들(The Fall Feasts of Israel)라는 책에서 밋취 글레이서(Mitch Glaser)는 그 다음 일어나는 일을 이렇게 묘사한다.

'염소가 마침내 절벽에 도착했을 때 집도하는 제사장은 염소의 머리에 있던 붉은 띠를 반으로 나누어, 반은 짐승의 뿔에 다시 묶고 나머지는 절벽 위에 묶는다. 그리고 그는 동물을 밀어 절벽으로 떨어뜨려 죽게 한다.
미쉬나는 이 예식에서 비롯된 흥미로운 전통을 이야기한다. 붉은 띠 일부를 염소가 광야로 보내지기 전 성전의 문에 묶는다. 이 띠는 염소가 그 마지막을 맞이함으로써 하나님께서 사람들의 희생 제물을 용납하시고 죄들이 용서받았다는 것을 표시하기 위해 빨간색에서 흰색으로 변한다. 이것은 선지자 이사야가 선포한 것에 기초했다. "여호와께서 말씀하시되 오라 우리가 서로 변론하자 너희의 죄가 주홍 같을지라도 눈과 같이 희어질 것이요 진홍같이 붉을지라도

양털같이 희게 되리라"(사 1:18) 미쉬나는 성전이 무너지기 40년 전부터 띠가 흰색으로 변하지 않았음을 이야기한다. 바로 그리스도께서 돌아가신 해이다.'[58]

더불어 탈무드(요마 39a, b)는 성전의 함락 전 40년 동안 일어났던 네 개의 사건들에 대해 이렇게 기록한다.

1. 제비뽑기에서 주님의 염소가 대제사장의 오른손으로 끌려 오지 않았다.
2. 대속죄일날 성전의 문에 묶여 있던 주홍 띠는 속죄 염소가 절벽에서 떨어진 이후에도 더 이상 흰색으로 변하지 않았다.
3. 성전의 촛대 맨 왼쪽 초가 타오르지 않았다. 이 초는 촛대의 다른 초들을 켜는데 사용되었을 것이라고 추정된다.
4. 성전 문들이 스스로 열렸다. 랍비들은 이것을 스가랴 11:1, '레바논아 네 문을 열고 불이 네 백향목을 사르게 하라'의 불길한 성취로 보았다. 사르는 불이 들어오도록 문들이 열리는 것은 화재에 의해 성전이 파괴되는 것을 예언하는 것이다.[59]

이 표징 중 두 가지가 대속죄일의 제사와 연관되있다는것, 또한 4가지 모두가 제2성전이 무너지기 전 40년간 발생했다는 사실은 우연으로만 치부할 수 없다. 이것은 하나님께서 산헤드린의 메시아에 대한 거절과 죄를 위한 최종적이고 완전한 희생이 드려진 뒤에도 동물 제사가 지속해서 드려진 것과 관련해 성전의 파괴를 허락하신 근본적 이유를 보여주는 것이다. 예수님께서 속죄를 위한 희생으로 드리셨으므로, 하나님은 다시 욤 키푸르에 드려지는 동물 제사를 용납하지 않으셨다. 이는 성전 파괴 전 40년 동안 띠가 흰색으로 변하지 않고 주님의 염소가 언제나 제사장의 왼손에 들려 오게 되는(확률적으로 이것은 거의 불가능하다) 이유를 설명한다.

---

58 Mitch Glaser, The Fall Feasts of Israel, p. 104.
59 Mitch Glaser, The Fall Feasts of Israel, p. 105.

탈무드에서의 이 구절과 별도로 타나흐에는 메시아가 제2성전 파괴 전에 오실 것과 성전이 파괴되는 이유를 보여주는 주요한 예언이 있다.

다니엘서 9장은 다니엘이 예레미야에 의해 예언된 70년의 비밀을 깨닫고 예루살렘 성전의 재건을 위해 기도할 때 천사 가브리엘과 만난 것을 이야기하고 있다. 그는 환난의 시간이 지난 후 성전이 재건될 것이지만 결국 예루살렘과 성전이 파괴될 것이라는 자세한 예언을 받는다. 그리고 이 모든 일이 '메시아는 끊어질' 것이다.

> '예순 두 이레 후에 기름 부음을 받은 자가 끊어져 없어질 것이며 장차 한 왕의 백성이 와서 그 성읍과 성소를 무너뜨리려니와 그의 마지막은 홍수에 휩쓸림 같을 것이며 또 끝까지 전쟁이 있으리니 황폐할 것이 작정되었느니라' (단 9:26)

라흐미엘 프라이드렌드(Rachmiel Frydland)라고 불리우는 한 젊은 청년이 2차 대전이 일어나기 전 바르샤바(Warsaw)의 예쉬바(Yeshiva)에서 공부를 하고 있었다. 몇몇 기독교인들이 다니엘서의 이 구절을 보여 주었고 이것은 그에게 큰 골치거리가 되었다. 그는 이 구절이 예수님에 관한 것이라는 주장에 대한 유대적인 답변을 찾아 보았지만 다니엘서가 포함하고 있는 메시아에 대한 예언으로 인해 유대인들은 다니엘서에 대한 어떤 자료도 찾기 힘들었다. 라쉬의 가르침을 따라 언급된 사람이 제 2성전의 파괴 직전 죽었던 아그리파(Agrippa) 왕이라고 하는 몇몇 주석서를 발견했다. 그는 랍비가 제공할 수 있는 최선의 설명이 고작 모호한 이방인의 왕에 의해 이 구절이 성취되었다고 한다는 것이라면, 그들이 틀린 것이라고 결론 내렸다. 이 구절을 성취할 수 있는 유일한 사람은 메시아로서, 끊어짐을 당하고, 본인의 죄가 아닌 다른 사람의 죄를 위해 폭력적인 죽임을 당하고, 로마가 도시(예루살렘)와 성소(성전)를 파괴하기 전에 오셔야 한다. 라흐미엘 프라이드렌드의 책 'When Being Jewish Was a Crime'[60]은 메시아에 대해 믿음과 그가 홀로코스트 당시 기적적으로 생존한 이야기를 담고 있다.

예수님은 또한 장차 있게 될 예루살렘과 성전의 파괴에 대해 예언하시지만 동시에 희망찬 미래를 말씀하신다. 그는 '보라 너희 집 [성전]이 황폐하여 버려진 바 되리라'(마 23:38)고 말씀하셨다. 위에 언급된 이유로 인해 예수님의 죽으심과 부활 직후 성전은 영적 의미에서 황폐하게 되었다. 이 시점으로부터 하나님은 영적으로 버림받은 성전에서 드려진 예물을 더는 받지 않으셨다. 40년 후, 로마인들이 다니엘서 9:26과 누가복음 19:41-44 말씀의 성취로 성전은 실제로 파괴되었다.

그러나 이것이 이야기의 끝은 아니다. 예루살렘에 대해 예언적으로 말씀하시면서 예수님은 구속의 때를 바라보셨는데 언급하시기를,

'내가 너희에게 이르노니 이제부터 너희는 찬송하리로다 주의 이름으로 오시는 이여 할 때까지 나를 보지 못하리라 하시니라' (마 23:39)

이것은 단지 하나의 진부한 표현이 아니다. 히브리어로
ברוך הבא בשם יי (바룩 하 바 베쉠 아도나이)

이것은 오실 메시아를 향한 전통적인 인사말이다. 예수님은 도시의 운명을 바꿀 어떤 일이 일어날 것인데 그 결과로 더 이상 예루살렘이 '이방인들에게 밟히[다스려지지]'(누가복음 21:24)지 않을 것이라고 말씀하신다. 이것은 예루살렘의 장차 올 구속에 대한 타나

---

60   Rachmiel Frydland, When Being Jewish Was a Crime, pp. 71 – 73.

흐의 수많은 예언과도 문맥을 같이 한다.

무엇이 이 변화를 일으킬 것인가? 예수님을 메시아로 인정하는 것과 그 결과로 그의 이름을 부르는 자들에게 임할 성령의 부으심, 유대인들이 '찬송하리로다 주의 이름으로 오시는 이여'(마태복음 23:39)하며 그를 메시아로 영접하는 것이 그의 재림의 방아쇠가 될 것이다.

제 10 장
No 평화 - No 메시아

    9장의 끝에서 언급된 다니엘의 예언은 메시아가 제 2성전의 파괴 전에 오시고 그의 오심 후에 전쟁과 폐허가 일어날 것을 이야기한다. 이것은 오늘날 주요 유대 공동체 내의 메시아에 대한 주장과 일치하지 않는다. 한 유대인 친구와의 토론에서, 그는 '너의 예수님은 메시아가 될 수 없는데, 왜냐하면 세상에 평화가 없기 때문이야'고 말했다.

    나는 그에게 예수님은 성경 예언들의 성취로서 고난받는 종으로 우리를 죄로부터 구원하기 위해 이미 오셨고 의로 세상을 심판하고 약속된 평화와 정의의 때를 가져오기 위해 다시 오실 것이라고 이야기했다.

    '어디서 이 '두 번째로 오심'의 개념을 가지게 되었느냐? 이것은 예수님께서 처음 오실 때 성공하지 못했으므로 다시 한번 시도하기 위해서가 아니냐? 성경은 메시아가 두 번 오신다는 것에 대해 전혀 이야기하고 있지 않다.'

    아마 그는 이것을 랍비 카플란(Kaplan)의 책, 참된 메시아? (The Real Messiah?)에서 읽었을 것이다.

    '메시아의 주된 과업은 세상을 하나님께 돌아오게 하고 세상으로부터 모든 전쟁과 고통과 불법을 제거하는 것이었다. 예수님은 분명히 이것을 성취하지 못하셨다. 이러한 예수님의 실패를 만회하기 위해 기독교인들은 "재림"의 교리를 발명하였다. 예수님께서 처음에 성취하지 못한 모든 예언은 예수님께서 두 번째 오실 때 성취될 것

이다. 유대 성경에는 기독교의 '재림'의 교리를 지지하는 어떤 증거도 없다.'[61]

내 친구는 랍비 알쿠쉬 (Arkush)가 편집한 유대교 사실 모음 (Operation Judaism Fact Pack)을 읽었을 수도 있는데, 이것은 예수님께서 메시아라는 기독교의 주장에 대한 답을 제공하기 위해 쓰여졌다. 그는 여기에서 메시아가 올 때 하실 일들에 대해 이렇게 이야기한다.

1. 메시아는 우주적 평화를 가져올 것이다. (사 2:4)
2. 가족들은 완전한 조화 가운데 살 것이다. (말 3:24)
3. 심지어 동물들까지 평화 가운데 살 것이다. (사 11:6)
4. 더 이상 질병이 없을 것이다. (사 35:5-6)
5. 더 이상 슬픔이 없을 것이다. (사 65:19)
6. 더 이상 죽음이 없을 것이다. (사 25:8)
7. 추방된 이스라엘이 그들의 땅으로 돌아올 것이다. (겔 39:25-28)
8. 잃어버린 열 족속도 돌아올 것이다. (사 27:13)
9. 심지어 죽은 자들도 일어나 돌아올 것이다. (겔 37:12)
10. 국가들이 심판을 위해 모일 것이다. (욜 3:2)
11. 이스라엘 내에서 어떤 죄도 발견되지 않을 것이다. (렘 50:20)
12. 이스라엘의 도시들은 값비싼 보석들로 재건될 것이다. (사 54:11-12)
13. 심지어 소돔도 재건될 것이다. (겔 16:55)
14. 하나님의 현존이 이스라엘 가운데 거주할 것이다. (겔 37:27-28)
15. 기쁨과 평화가 예루살렘을 다스릴 것이다. (사 65:18-23)
16. 모든 이스라엘이 율법을 지킬 것이다. (겔 36:27)
17. 제물들이 성전에서 다시 드려질 것이다. (말 3:3-4)

---

61 Aryeh Kaplan, The Real Messiah?, p. 71.

18. 더 이상 우상 숭배가 없을 것이다. (사 2:18)

19. 모든 나라가 하나의 법에 따라 연합할 것이다. (단 2:44)

20. 오직 하나의 믿음이 있고 모든 나라가 이스라엘의 하나님을 예배할 것이다. (사 66:23)[62]

예수님 오신 이후에도 이 땅에 우주적인 평화는 오지 않았다. 사자를 양과 함께 우리에 넣는다면 양에게 밝은 미래는 없을 것이다. 그렇다면 이것이 예수님께서 성경에서 예언하고 있는 메시아가 아니라는 것을 의미하는가?

랍비 유대교(Rabbinic Judaism)의 문제점

여기에 대한 답변을 하기 전에, 랍비들의 주장에 문제가 있음을 언급하지 않을 수 없다. 위에 제시된 스무 개의 모든 구절이 메시아와 관련한 예언들이라 하더라도, 이 목록은 불완전하다. 성경의 선지자들은 이 땅에서 권세로써 다스리시고, 이스라엘의 구속을 가져오시며 전쟁을 끝내시고 하나님을 모두에게 알리시는 메시아에 대해 분명히 말하고 있다.(사 2:1-4; 11:1-9, 에스겔 40-48, 다니엘 2:44, 스가랴 14) 하지만 또한 이미 이 책에서 언급된 대로 죄를 사하시기 위해 고통받는 메시아에 대해서도 동일하게 이야기한다.(시편 22, 이사야 52:13-53; 12, 다니엘 9:25-26, 스가랴 12:10). 랍비 알쿠쉬는 고통받는 메시아에 대한 묘사를 모두 지워버리려 하지만, 성경은 분명히 여기에 관해 이야기한다.

이미 7장에서 보았듯, 16세기 갈릴리 상부 사페드(Safed)의 주 랍비인 알쉐흐(Alshech)는 이사야 53장에 대해 다음과 같이 이야기했다.

---

62 Operation Judaism Fact Pack, Rabbi S. Arkush 편집, pp. 13-15.

'과거 랍비들은 한 목소리로 이 선지자가 왕 되신 메시아에 대해 이야기하는 것을 믿고 증거가 됐으며, 우리 역시 동일한 관점을 가지고 있다.'

다른 선지자가 기록한 이스라엘이 '그 찌른 바 그를 바라'볼 스가랴 12:10를 해석하며, 랍비 알쉐흐는 이렇게 기록한다.

'이들은 자신들이 찌른 이, **곧 요셉의 아들, 메시아**를 볼 때 온전한 회개로 그에게 눈을 들 것이다. 명성 있는 랍비들은 그가 스스로 이스라엘의 모든 죄를 지고 가며, 마치 이스라엘이 그를 찌른 것과 같은 방법으로 이들에 대해 속죄하기 위해 전쟁에서 죽임을 당할 것이라고 말했다. 이들은 복된 그를 바라보고 회개하여 죄를 대신하여 죽으시고 용서해줄 이는 그분밖에 없음을 고백한다. 이것이 바로 "그들이… 그를 바라보고"의 의미이다.'[63]

아벤 에즈라(Aben Ezra)와 아발바넬(Abarbanel), 그리고 라쉬 또한 그의 탈무드 주석에서 이 구절(스가랴 12:10)이 메시아를 이야기한다고 인정한다.

랍비 알쉐흐가 언급한 '**요셉의 아들, 메시아**'는 유대교 내에서 두 메시아가 있을 것인데, 한 명은 고난 당하고 죽는 요셉의 아들 메시아로 불리고, 다른 한 명은 다스리고 통치할 다윗의 아들 메시아로 불린다는 것이다. 이 주제에 대해 데이빗 바론(David Baron)은 기록하기를,

'두 메시아, 즉 고통당하고 죽어야 할 요셉의 아들 메시아와 권력으로 다스릴 다윗의 아들 메시아에 대한 신학이나 이론은 주 후 3세기 또는 4세기로 거슬러 올라간다. 이 이론은 성경에서 발견한 고

---

63 랍비 알쉐흐는 16세기 중반 이후 갈릴리 위쪽 사페드 (Safed)에서 살았다. 이 구절은 데이빗 바론 (David Baron)의 스가랴의 환상과 예언 (Visions and Prophecies of Zechariah), p. 442에서 인용한 것이다.

통 당하지만, 영광스러운 메시아의 대립하는 두 모습에 대한 탈무드 저자들의 혼란에서 생겨났을 가능성이 크다. 이들은 이러한 대립에 대해 메시아가 두 번 오시는 것이 아니라 두 명의 메시아가 있는 것으로 해석했다.'[64]

고통 당하는 메시아는 애굽에서의 요셉과 같이(창세기 37-41) 반대를 당하시기에 '요셉의 아들'이라는 이름이 주어진다. 다스리는 메시아는 그가 다윗 왕처럼 승리 가운데 다스리기에 '다윗의 아들'이라는 이름이 주어진다.

탈무드는 스가랴서에서 예언된 인물의 정체성에 대해 다음과 같이 이야기한다.

'마지막 인용된 구절에서 언급된 애도의 원인은 무엇인가? (스가랴 12:10) 랍비 도사(Dosa)와 다른 랍비들은 서로 다른 의견을 가지고 있다. 어떤 이는 설명하기를 애곡의 원인은 요셉의 아들 메시아의 죽음 때문이고, 다른 이는 인류의 악함이 죽임을 당했기 때문이라고 이야기한다. 요셉의 아들 메시아의 죽음 때문이라고 설명한 이를 따르는 것이 나은데, 왜냐하면 설명이 성경 구절, "그들이 그 찌른 바 그를 바라보고 그를 위하여 애통하기를 독자를 위하여 애통하듯 하며"에 더 적합하기 때문이다. 악이 죽었기 때문이라고 설명하는 이에 따르면, 왜 이 때문에 애통한가? 오히려 이것이 기뻐해야 하는 것이 아닌가? 왜 슬퍼하는가?'[65]

여기서 논쟁이 되는 것은 스가랴 12:10에서의 애도가 메시아의 죽음 때문인가 아니면 악의 죽음(유대교에서 인류의 죄를 말할 때

---

64 Visions and Prophecies of Zechariah, p. 442.
65 Sukkot 52a

사용하는 표현)의 때문인가 하는 것이다. 랍비는 이것은 메시아의 죽음이 확실한데, 왜냐하면 악의 죽음은 기쁨의 원인이지, 애통의 이유가 되지 않기 때문이다. 요셉의 아들 메시아가 이스라엘의 죄를 위한 제물이 되기 위해 죽임을 당한다는 랍비 알쉐흐의 주장과 더불어 이것은 랍비들이 스가랴 12:10을 메시아의 죽음으로 해석함을 보여 준다. 이 견해가 비록 속죄 제물로서의 예수님에 대한 신약 성경의 개념과는 조금 다르지만 이러한 주장은 이스라엘의 죄를 위한 희생제물로 돌아가신 고통 받는 메시아에 대한 랍비의 견해가 존재함을 보여 준다.

탈무드는 다음과 같은 인용구가 있는데 매우 흥미롭다.

'랍비 예호슈아 벤 르바이(Yehoshua ben Levi)은 다음 두 구절의 모순을 지적했다. 한 구절은 "…인자 같은 이(모시아흐/메시아)가 하늘 구름을 타고 와서"(다니엘 7:13)라고 기록하고, 다른 구절은 "시온의 딸아 크게 기뻐할지어다 예루살렘의 딸아 즐거이 부를지어다 보라 네 왕이 네게 임하시나니 그는 공의로우시며 구원을 베푸시며 겸손하여서 나귀를 타시나니 나귀의 작은 것 곧 나귀 새끼니라"라고 기록한다(스가랴 9:9). 이 구절은 만약 이 세대가 합당하면 모시아흐는 구름을 타고 나타나실 것이지만, 이 세대가 그는 가난한 모습으로 나귀를 타실 것이다.'

이 말은 곧 그가 오실 때 그 세대의 영적 상황에 따라 메시아가 영광 가운데 오실지, 아니면 겸손 가운데 오실지에 달려 있다. 이는 우리의 입장에서 상반되지만, 랍비 유대교가 고통받는 종과 정복하는 왕으로서의 메시아의 다른 모습에 대한 이유를 설명하기 위해 애를 쓰고 있다는 사실을 보여 준다.

대안적 견해

그렇다면 메시아는 두 분이신가? 메시아가 오실 때 겸손 가운데 오실지 승리 가운데 오실지는 그 세대의 영적 상태에 달려 있는 것인가?

아니면 선지자들이 다른 목적을 가지고 다른 때에 오시는 한 메시아를 묘사하고 있는 것인가? 이 견해를 살펴보자.

신약 성경의 복음서는 예수님의 생애 가운데 일어났던 일들을 주로 기록하고 그가 예언을 성취하시는 메시아라는 결론을 제시한다. 신약 성경의 저자들은 또한 동일한 예수님께서 미래, 정해지지 않은 어느 날, 사람의 모습으로 다시 오실 것을 주장한다. 그러므로 신약 성경은 동일한 메시아가 두 번 오실 것을 가르친다고 결론 내릴 수 있다. 이것은 부가적 교리가 아니고 신약 성경의 핵심 내용이다. 각 복음서에서 재림에 대한 몇몇 구절들을 제외하고, 공관복음서 전체가 이 사실에 할애한다(마 24-25, 막 13, 눅 21) 요한은 그의 복음서에서 이 사건의 목적을 이야기한다.

> '가서 너희를 위하여 거처를 예비하면 내가 다시 와서 너희를 내게로 영접하여 나 있는 곳에 너희도 있게 하리라' (요 14:3)

메시아의 다시 오심의 소망은 제자들의 설교 주제였고(행 3:19-21, 17: 30-31) 서신서들의 모든 저자들이 이를 가르쳤다. 바울서신 중 데살로니가전서 4:13-5:11, 데살로니가후서 2장, 또한 야고보서 5:1-8, 베드로후서 2-3장, 요한일서 3:2 그리고 유다서 14-15장을 보라. 이것은 또한 요한계시록의 전반적인 주제이다.
이것이 비록 신약 성경의 재림에 대한 완전한 참조 목록은 아닐지라도, 이 주제가 기독교 신앙의 핵심적 부분이라는 것을 보여 준다. 이것은 우리가 세계 평화와는 거리가 먼 세상에 사는 반면 어떻게 예수님께서 메시아가 되실 수 있는지 유대인들에게 설명하기 위해 조작된 어떤 새로운 이론이 아니다. 모든 주요 교파의 교리에 기록된 것으로 모든 시대에 걸쳐 기독교인들이 믿어온 것이다. 또한, 주님의 재림까지 주의 죽으심을 기억하기 위해 성찬식 때마다 기억하고 기념해야 하는 것이다.

메시아의 통치는 심판과 함께 시작된다

물론 신약 성경이 하나님에 의해 감동받은 말씀이란 것을 믿지 않는다면 이 성경이 예수님께서 두번 오실 것임을 사실은 아무 의미가 없을 것이다. 그렇다면, 신약 성경이 아닌 '타나흐(구약 성경)'는 메시아의 두번 오심을 이야기하고 있는가?'

랍비 알쿠쉬가 이야기한 메시아 예언들을 공부할 때 떠오르는 한 가지 흥미로운 사실은 모든 중요한 주제는 인류에 대한 하나님의 심판과 연관이 있다는 것이다. 주님의 말씀이 예루살렘으로부터 나오고 이것으로부터 세계 평화가 임하는 영광스러운 비전을 담고 있는 이사야 2:1-4 뒤엔 인류의 자만과 우상 숭배에 대한 주님의 심판이 나온다.

> '대저 만군의 여호와의 날이 모든 교만한 자와 거만한 자와 자고한 자에게 임하리니… 그 날에 자고한 자는 굴복되며 교만한 자는 낮아지고 여호와께서 홀로 높임을 받으실 것이요 우상들은 온전히 없어질 것이며 사람들이 암혈과 토굴로 들어가서 여호와께서 땅을 진동시키려고 일어나실 때에 그의 위엄과 그 광대하심의 영광을 피할 것이라 사람이 자기를 위하여 경배하려고 만

들었던 은 우상과 금 우상을 그 날에 두더지와 박쥐에게 던지고 암혈과 험악한 바위 틈에 들어가서 여호와께서 땅을 진동시키려고 일어나실 때에 그의 위엄과 그 광대하심의 영광을 피하리라'
(사 2:12, 17-21)

악한 자들이 하나님의 낯을 피해 '암혈과 토굴로' 들어가는 장면은 예수님의 재림 전 일어날 일들을 묘사하는 요한계시록 7:15-17에서도 발견된다.

이사야 11장에서 이리가 양과 거주하고 세상이 주님에 대한 지식으로 가득 차도록 하는 이가 또한 인류에 대한 심판에 개입하실 것이다.

'… 그의 눈에 보이는 대로 심판하지 아니하며 그의 귀에 들리는 대로 판단하지 아니하며 공의로 가난한 자를 심판하며 정직으로 세상의 겸손한 자를 판단할 것이며 그의 입의 막대기로 세상을 치며 그의 입술의 기운으로 악인을 죽일 것이며' (사 11:3-4)

랍비 알쿠쉬가 언급한 요엘 3장의 구절은 분명 심판을 위해 모인 열방에 관해 이야기한다.

'내가 만국을 모아 데리고 여호사밧 골짜기에 내려가서 내 백성 곧 내 기업인 이스라엘을 위하여 거기에서 그들을 심문하리니 이는 그들이 이스라엘을 나라들 가운데에 흩어 버리고 나의 땅을 나누었음이며' (욜 3:2)

에스겔서 20:33-38은 이스라엘 또한 메시아 왕국으로 들어가기 전 심판을 받을 것이라 가르친다.

> '주 여호와의 말씀이니라 내가 나의 삶을 두고 맹세하노니 내가 능한 손과 편 팔로 분노를 쏟아 너희를 반드시 다스릴지라 능한 손과 편 팔로 분노를 쏟아 너희를 여러 나라에서 나오게 하며 너희의 흩어진 여러 지방에서 모아내고 너희를 인도하여 여러 나라 광야에 이르러 거기에서 너희를 대면하여 심판하되 내가 애굽 땅 광야에서 너희 조상들을 심판한 것 같이 너희를 심판하리라 주 여호와의 말씀이니라 내가 너희를 막대기 아래로 지나가게 하며 언약의 줄로 매려니와 너희 가운데에서 반역하는 자와 내게 범죄하는 자를 모두 제하여 버릴지라 그들을 그 머물러 살던 땅에서는 나오게 하여도 이스라엘 땅에는 들어가지 못하게 하리니 너희가 나는 여호와인 줄을 알리라'

이 말씀은 복음서에서 예수님의 재림 때 심판을 위해 모인 열방에 대해 가르치시는 예수님의 말씀과 완벽히 일치한다.

> '인자가 자기 영광으로 모든 천사와 함께 올 때에 자기 영광의 보좌에 앉으리니 모든 민족을 그 앞에 모으고 각각 구분하기를 목자가 양과 염소를 구분하는 것 같이 하여 양은 그 오른편에 염소는 왼편에 두리라' (마 25:31-33)

인류는 어떻게 심판 받을 것인가?

구약과 신약은 열방이 메시아의 통치 아래에 연합되는 평화와 정의의 세대 전에 심판이 있을 것에 대해 공통으로 이야기하고 있다. '어떤 기준으로 심판이 이뤄질 것인가?'

대부분의 현대 유대교는 '모든 열방의 의인들은 다가올 세상에서 자리가 있고' 어떠한 종교적 배경을 가지고 있던지 그것은 최선을 다해 따를 필요가 있다고 가르친다. 랍비들은 하나님께서 유대인들에게는 토라에서 추려진 613개의 법을, 이방인들에게는 노아의 일곱 가지 법을 지키도록 요구하신다고 가르친다. 루바비치(Lubavitch) 조직에서 배포하는 전단은 '일곱 가지 법칙은 도덕적 문명의 유지를 위한 최소의 기초를 제공한다'고 이야기한다. 법칙은,

1. 우상을 섬기지 말라.
2. 신성 모독하지 말라.
3. 살인하지 말라.
4. 도둑질하지 말라.
5. 부도덕한 성적 행위를 하지 말라.
6. 동물들을 학대하지 말라.
7. 정의를 수호하라.

하지만 이 법의 문제는 내가 이야기해 본 모든 이방인 뿐만 아니라 유대인들도, 이 주제를 구체적으로 공부한 몇몇을 제외하고는, 이 법칙들이 존재하는지 전혀 모른다는 것이다. 그렇다면 어떻게 사람들이 이 기준을 바탕으로 심판 받을 수 있을까?

또한 이 법에 근거한다면 우리는 어떤 종교를 배경으로 태어났던지 그 종교를 지켜야 한다는 것은 몇 가지 문제를 일으킨다. 대부분 종교가 살인, 도둑질 그리고 성적 부도덕을 죄로 여기고 있지만 몇몇 주요 종교들(로마 카톨릭교, 힌두교, 불교)은 성경이 우상숭배라고 정죄하는 관습들을 허락하고 있다. 중동을 방문해 보면 쉽게 발견할 수 있듯이 동물에 대한 학대는 이슬람에서 그렇게 심각한 문제가 아니다. 현실적으로 대부분 사람이 들어보지도 못한 소위 노아의 일곱 가지 법이 인류를 심판할 기초가 된다고 보긴 어렵다.

또한 나는 이방인들에게 노아의 일곱 법칙을 지킬 것을 주장하는 어떠한 유대인을 만나본 적이 없다. 실질적으로 유대교는 오늘날 종교들 사이에서 통용되는 보편 주의(Universalism)를 가르친다. 유대 잡지 르에일라(LeEylah)에서 랍비 아리에 포르타(Arye Forta)는 이런 류의 사고를 예수 그리스도를 통한 유일한 구원을 가르치는 크리스쳔의 믿음과 비교한다.

'유대교는 전도를 열심히 하지는 않지만, 고립되었거나 편협하지 않다. 유대교는 그렇게 할 필요가 없기에 적극적으로 개종시키려 하지 않는다. '모든 나라의 의로운 자들은 장차 올 세상에서 분깃을 가지고 있다'고 랍비들은 이야기했다. 유대인들은 인류에게 이렇게 이야기할 수 있다. '하나님과의 관계를 맺기 위해 유대인이 될 필요는 없다.', '단지 의로운 삶을 살면 된다.' 유대교는 노아의 일곱 가지 법을 통해 '의'를 정의하고 이것을 도덕적이고 영적인 삶의 기본으로 여긴다.'[66]

만약 다가올 세상에서 분깃을 얻기 위해 '단지 의로운 삶을 살면 된다'고 하는 이 랍비의 말이 옳다면 천국은 텅텅 빈 곳이 될 것이다. 왜냐하면, 성경은 인간의 최고 선함으로 완벽하게 의로운 삶에 결코 이를 수 없다고 가르치고 있기 때문이다. 전도서 7:20이 이야기하듯,

'선을 행하고 전혀 죄를 범하지 아니하는 의인은 세상에 없기 때문이로다'

또한, 자신을 의롭게 하려는 노력은 하나님께서 보시기에 충분하지 않다.

---

66 Rabbi Arye Forta, 'The New Christian Missions to the Jews – How should we respond?,' in L' Eylah – A Journal of Judaism Today, published by the Office of the Chief Rabbi, Issue 25, p. 22.

'무릇 우리는 다 부정한 자 같아서 우리의 의는 다 더러운 옷 같으며…' (사 64:6)

바울은 하나님의 이러한 판결에 동의하여 시편 14편을 인용하며 로마서 3:10-12에서 다음과 같이 말한다.

'… 의인은 없나니 하나도 없으며 깨닫는 자도 없고 하나님을 찾는 자도 없고 다 치우쳐 함께 무익하게 되고 선을 행하는 자는 없나니 하나도 없도다'

바울은 이어서 우리의 죄를 위해 희생 제물로 돌아가신 메시아의 의를 통해 우리가 의로워지고 영원한 생명을 얻음을 보여 준다.

하나님께서 모든 종교들을 용납하시는가?

하나님께서 모든 종교를 용납하신다는 생각이 선지자들의 가르침과 일치하는가? 오늘날 여전히 몇몇 장소에서 실행되고 있으며 서구에서 다시 일어나고 있는 주술과 인신 제사를 드리는 이도교적 종교는 어디인가? 타나흐는 '열방의 신들은 단지 우상들일 뿐'이고 이스라엘이 열방에 증거돼야 할 구속자 주님의 영광과 대조한다. (사 44:9-20)

'이스라엘의 왕인 여호와, 이스라엘의 구원자인 만군의 여호와가 이같이 말하노라 나는 처음이요 나는 마지막이라 나 외에 다른 신이 없느니라… 나처럼 외치며 알리며 나에게 설명할 자가 누구냐… 너희는 두려워하지 말며 겁내지 말라 내가 예로부터

너희에게 듣게 하지 아니하였느냐 알리지 아니하였느냐 너희는
나의 증인이라'(사 44:6-8)

이사야에 따르면 구원은 서로 상반된 것을 말하고 행하는 혼란스러운 바벨의 종교 체계를 통해서가 아니라 이스라엘의 하나님을 통해온다고 가르친다.

'땅의 모든 끝이여 내게로 돌이켜 구원을 받으라 나는 하나님이라 다른 이가 없느니라'(사 45:22)

이스라엘의 하나님은 모든 인류를 위한 메시지를 가지고 계시다.

'내가 나를 두고 맹세하기를 내 입에서 공의로운 말이 나갔은즉 돌아오지 아니하나니 내게 모든 무릎이 꿇겠고 모든 혀가 맹세하리라 하였노라'(사 45:23)

오늘날 이 소식을 모든 인류에게 알리고자 노력하는 사람들이 있는가? 그렇다. 성경 전체는 405개의 언어, 즉 모든 주요 언어들로 번역되었고, 신약성경은 1034개 언어로, 그리고 864개의 언어로 부분 번역된 성경이 있다. 위클리프 성경 번역회(Wycliffe Bible Translators, 이 정보를 제공하고 있는)는 남아 있는 소수 언어들로 성경을 번역하기 위해 열심히 노력하고 있다. 결과적으로 전 세계에 구원을 위해 아브라함, 이삭, 야곱의 하나님을 바라보는 모든 세상 사람들이 있는데, 이들은 예수님께서 육체로 오시기부터 전 선지자들이 증거했던 메시아를 통해 구원을 받았다. 이것은 예수님의 제자들이 '… 너희는 온 천하에 다니며 만민에게 복음을 전파하라'(막 16:15, 마 28:18-20도 보라)는 예수님의 명령에 신실하게 순종한 결과이다.

세계 복음화와 재림

이러한 사실은 메시아의 초림과 재림과 아주 큰 연관이 있다. 신약 성경은 메시아께서 세상의 죄를 지고 모든 인류를 위한 희생 제물로 자신을 드리기 위해 오심을 말한다. 그를 통해 유대인과 이방인 모두 하나님께서 이스라엘에 주신 약속에 참여하게 되고 하나님과 화목하게 되며(엡 2:11-18) 교회를 이루게 된다. 헬라어 성경은 교회를 에클레시아(ekklesia)라고 표현한다. '부르심을 받은 자들'을 의미하는데 다른 말로 하면 예수님을 메시아로 믿도록 세상으로부터 부르심을 받은 자들을 말한다. 이 단어는 건물이나 종교적 조직을 의미하지 않는다. 이 단어는 항상 사람의 무리를 의미한다. 이 세대에 진정한 교회의 목적은 예수님께서 승천하시기 전 말씀하신 것처럼 복음을 땅 끝까지 전하는 것이다.

> '… 하늘과 땅의 모든 권세를 내게 주셨으니 그러므로 너희는 가서 모든 민족을 제자로 삼아 아버지와 아들과 성령의 이름으로 세례를 베풀고 내가 너희에게 분부한 모든 것을 가르쳐 지키게 하라 볼지어다 내가 세상 끝날까지 너희와 항상 함께 있으리라 하시니라' (마 28:18-20)

하지만 모든 이들이 이 소식을 받을 것을 의미하진 않는다. 이 세대의 마지막과 관련해 예수님께서 예언하신 환난의 모습들은 대부분의 사람들이 이 소식을 거절할 것을 보여준다. 예수님은 이 소식이 이것을 받아들이는 자와 거절하는 자를 갈라놓을 것을 이야기한다.

> '그 정죄는 이것이니 곧 빛이 세상에 왔으되 사람들이 자기 행위가 악하므로 빛보다 어두움을 더 사랑한 것이니라 악을 행하는 자마다 빛을 미워하여 빛으로 오지 아니하나니 이는 그 행위

가 드러날까 함이요 진리를 따르는 자는 빛으로 오나니 이는 그
행위가 하나님 안에서 행한 것임을 나타내려 함이라 하시니라'
(요 3:19-21)

진정한 회개와 예수님을 믿음으로 주님을 영접한 이들은 예수님께서 니고데모에게 말씀하신 '새로운 탄생'을 경험한다.

'… 진실로 진실로 네게 이르노니 사람이 거듭나지 아니하면 하나님의 나라를 볼 수 없느니라' (요 3:3)

이러한 새로운 탄생의 결과로 믿는 이들은 우리 가운데 주님의 성품을 완성하기 위해 우리를 성화의 과정으로 이끄시는 성령님을 받는다.

'오직 성령의 열매는 사랑과 희락과 화평과 오래 참음과 자비와 양선과 충성과 온유와 절제니…' (갈 5:22, 23)

이 모든 과정은 자발적이기 때문에 우리가 성령님께 얼마나 순종하느냐에 따라 우리의 삶을 통해 나타날 성령님의 역사가 달라진다. 하지만 이러한 거듭남을 경험하지 않았고, 그러기에 진정한 크리스천도 아니고, 진정한 교회를 대표하지도 않지만, 자신을 크리스천이라고 말하는 많은 이가 있음을 알아야 한다.

이 세대는 예수님의 재림 때에 구원에 대한 그들의 태도를 기초로 심판을 받으며 최후를 맞이할 것이다. 이미 언급했듯이, 구원의 메시지는 믿는 교회들의 전도 사역으로 먼저 모든 민족에게 주어졌고, 지금도 주어지고 있다. 하지만 이 제안을 거절함으로 종말에 이르는 대환난의 때가 도래할 것인데, 제자들이 '주의 임하심과 세상 끝에는 무슨 징조가 있사오리까' 하고 여쭐 때 예수님은 전쟁과 기근

과 지진과 역병과 핍박과 기만에 대해 이야기하시며 이 세대가 경험하지 못한 환난과 함께 끝을(마 24:21) 맞이할 것이라고 말씀하신다. '이는 그때 큰 환난이 있겠음이라 창세로부터 지금까지 이런 환난이 없었고 후에도 없으리라'로 마칠 것이라고 대답하셨다. 다시 이것은 마지막 때에 환난이 있을 것이라고 가르쳤던 선지자들의 글들과 완벽히 일치한다.

> '그 때에 네 민족을 호위하는 큰 군주 미가엘이 일어날 것이요 또 환난이 있으리니 이는 개국 이래로 그 때까지 없던 환난일 것이며 그 때에 네 백성 중 책에 기록된 모든 자가 구원을 받을 것이라.' (단 12:1, 사 24장, 렘 30장, 겔 38-39장, 슥 12-14장도 참고하라)

메시아의 첫 번째 오심과 두 번째 오심 사이의 시간 간격

비록 선지자들이 메시아의 첫 번째와 두 번째 오심 사이에 시간의 간격이 이 길 것이라고 명확히 이야기하지는 않지만, 이것은 두 메시아 문제에 대한 올바른 해석이 될 수도 있다. 또한, 하나님께서 이것은 우리가 자유 의지로 선택하여 우리의 영원한 운명에 대해 책임지도록 하셨기 때문에 하나님의 편에서도 이것이 더욱 타당하다.

하나님께선 창세기 3장에서 죄가 세상에 들어온 직후 구속자를 보냈을 수도 있으셨다. 사실 이브가 첫아기를 낳았을 때의 반응, '내가 여호와로 말미암아 득남하였다'(창 4:1)로 보아 이브는 뱀의 머리를 상하게 할 약속된 '여자의 씨'가 가인일 것이라고 잘못 생각한 것 같다. 팔레스타인 탈굼(The Targum of Palestine)은 이 구절을 바꾸어 말하며, '아담이 그의 아내를 알았고 그녀가 임신했으며 가인을 낳았을 때, 그녀는 "내가 주님의 천사를 득남했다"고 이야기한다. 이 희망은 가인이 그의 형제 아벨을 죽였을 때 무너졌지만, 후에 이브가 셋을 낳았을 때, '하나님이 내게… 다른 씨를 주셨다.'(창 4:25)고 부르짖었다. 랍비들은 여기에 대해 다음과 같이 말한다. '그녀(이브)는 다른 근원으로부터 나실 씨에 대해 암시를 주고 있다. … 왕이신 메시아.'[67]

또한 예수님의 제자들은 이스라엘의 구속을 위한 하나님의 계획에 조급하여 부활 후 예수님께, '주께서 이스라엘 나라를 회복하심이 이 때니이까?'(행 1:6)라고 물었다. 이들은 예수님께서 고통 받는 메시아의 역할을 성취했음을 이해했다. 이들은 이제 그가 이스라엘의 국가적 구속과 이사야 2:1-4를 성취함으로서 세계에 평화를 가져오는 다스리는 메시아의 역할을 즉시 수행하실 것으로 생각했다. 예수님의 대답은 그 분이 선지자들에 의해 예언된 메시아 왕국의 설립의 궁극적 목표를 이루실 것이다. 예수님을 진실로 따르는 이 세대의 모든 이들의 즉각적 우선 순위는 복음의 소식을 전하는 것을 보여준다.

> '이르시되 때와 시기는 아버지께서 자기의 권한에 두셨으니 너희가 알 바 아니요 오직 성령이 너희에게 임하시면 너희가 권능을 받고 예루살렘과 온 유대와 사마리아와 땅 끝까지 이르러 내 증인이 되리라 하시니라.' (행 1:7-8)

예수님 자신의 말씀에 의하면 세계 선교는 그의 초림과 재림 사이에 성취되어야 한다. 그러므로 즉 두 사건의 사이의 간격은 자신들이 살아 있는 동안 주님의 재림을 바라보았던 초대 교회에 의해 예상된 것보다 훨씬 더 길 것이다. 교회의 슬픈 역사 중 복음의 이러

---

[67] J. W. Etheridge, The Targum of Onkelos and Jonathan Ben Uzziel, pp. 166 - 170.

한 의미에 충실하지 않았던 때로 인해 이 간격은 오늘날까지 이어지고 있다.

하지만 중요한 것은 교회들의 불신앙에도 복음의 소식은 계속 모든 세계로 전해지고 있다는 것이다. 세계 선교는 사람들을 영원히 분리한다. 이는 유대인과 이방인의 구분도 아니고, 흑인과 백인의 구분도 아니고, 남자와 여자의 구분이 아니며, 부자와 빈자의 구분도 아니다. 이는 잃어버린 자와 구원받은 자의 구분이다.

'또 천국은 마치 바다에 치고 각종 물고기를 모는 그물과 같으니 그물에 가득하매 물 가로 끌어 내고 앉아서 좋은 것은 그릇에 담고 못된 것은 내버리느니라 세상 끝에도 이러하리라 천사들이 와서 의인 중에서 악인을 갈라내어 풀무 불에 던져 넣으리니 거기서 울며 이를 갈리라' (마 13:47-50)

구원받은 자들은 지금부터 영원에까지 계속되는 새로운 영적 생명을 얻는다. 이 생명은 메시아 시대에 약속된 평화와 정의의 시대에 들어가기 위해 위해 요구되는 것이다. 이것이 심판이 먼저 와야 하는 이유이다. 새로운 사람들 없이 새로운 종류의 사회를 만들 수 없다. 그렇기 때문에 더 나은 사회를 향한 사회주의의 약속이 형편없이 실패한 것이다.

그러나 예수님은 실패하지 않으셨다. 그리고 영원히 실패하지 않으실 것이다!

그러므로 재림에 대한 기독교의 교리는 예수님께서 초림에 실패하신 것을 다시 이루시기위해 오신다는 것이 아니다. 예수님께서 이땅에 오셨을 때 세상의 죄를 위한 희생을 통해 유대인과 이방인 모두의 죄를 성결케 하기 위한 문을 여셨다. 이는 완벽한 성공이다. 그리고 그분은 문자 그대로 메시아 예언들을 성취하셨다. 동정녀로부터 베들레헴에서(미 5:2) 태어나시고(사 7:14) 죄와 질병에 갇혀 있는 이들을 해방시킴으로 가난한 이들에게 좋은 소식을 선포하셨다. 또한, 세상 죄를 위한 희생물로 그의 생명을 내려 놓으셨고, 비록 스스로 죄가 없을지라도 범죄자로 처형당하셨으며, 그의 죽음에 책임있는 자들을 위해 기도하시고, 부유한 자의 무덤에 묻히셨고 사흘만에 죽음에서 부활하셨다. (시 16:8-11; 22, 사 53, 슥 12:10)

이 모든 것이 다니엘서 9:25-26에 예언된 대로 제2성전 파괴 전에 일어났다. 다니엘서의 이 예언은 실제로 '기름 부음을 받은 자가 끊어져 없어질 것이며'(예수님의 대속적 죽음을 이야기함) 그리고 이 일 후에 '장차 한 왕의 백성이 와서 그 성읍[예루살렘]과 성소를 훼파'한다고 이야기한다. 그리고 예루살렘의 파멸 후 전쟁과 황폐함이 있을 것이다. 이전 장에서 보았듯 이것은 메시아의 초림 후 성전의 파괴와 전쟁, 황폐함이 있을 것을 보여주는 구체적 예언이다. 이것은 메시아는 유대민족을 이스라엘로 돌아오게 하고, 성전이 다시 지어지게 하여 세계 평화의 시대가 도래하게 해야 하지만, 예수님에 대해서는 저항이 일어났기 때문에 그는 메시아일 수 없다고 주장하는 이들의 말과 반대된다.

예수님께서는 다시 오실 때도 실패하지 않으실 것이다. 그때에는 아직 성취되지 않은 예언들이 성취될 것이다. 그는 하늘의 구름을 타고 오실 것이고(단 7:13, 막 14:62) 모든 눈이 그를 볼 것이다.(슥 12:10, 계 1:7) 그는 '거룩한 자들' 또는 성도들과 함께 오실 것이다.(슥 14:5, 계 19:14) 예루살렘에서 멀지 않은 감람산으로 오실 것이다.(슥 14:4, 행 1:11) 그는 홀로코스트와 함께 세상을 위협하며 예루살렘을 두고 벌어질 세계 갈등에 종지부를 찍으실 것이다.(슥 12-14장, 계 16-19장) 그는 지구상의 모든 타락과 악에 책임이 있는 '바벨론'세계 구조를 파괴하실 것이다.(렘 51장, 계 18장) 그는 세계에 평화와 정의를 가져오며 예루살렘으로부터 신성한 통치를 수립하실 것이다.(사 2:1-4, 계 20:4-6) 천년 왕국(메시아의 천 년 동안의 통치) 이후 세계는 다시 한번 주님을 대항하는 사탄의 극악한 반란으로 끝을 맞이할 것이고 하나님은 영원까지 이르는 새로운 하늘과 새로운 땅을 주실 것이다.(사 66:22-24, 계 20:7-21) 여기에 언급된 구절들은 부록을 참고하기 바란다.

제 11 장
토라는 하나님께로 이어지는 다리인가?

'그래요. 예수님께서 기독교인들에게 구원자가 되실 수 있다고 칩시다. 하지만 우리 유대인들은 하나님께 이르는 우리만의 방법이 있어요. 당신들은 중개인에게 가지만, 우리는 사장에게 직접 갑니다!' 이것이 이 책에서 지금까지 이야기한 여러 주장에 대한 유대인들의 공통된 반응이다. 유대 교리에 따르면 이들은 중재자가 필요 없는데, 왜냐하면 하나님께서 토라[68]를 통해 자신을 이스라엘에 드러내셨기 때문이다.

'토라는 유대인들과 하나님을 연결하는 신비스러운 다리인데, 토라를 통해 이들은 서로 소통하고 교제하며, 하나님은 그의 백성들을 보전하고 보호하기 위해 토라를 통해 그의 언약을 성취하신다.'[69]

유대 절기 오순절인 샤부옷(Shavuoth)에 대한 글에서 랍비 쉬라가 심몬스(Shraga Simmons)는 이렇게 이야기한다. '유대교에 따르면 이 절기는 하나님께서 이스라엘에 주신 토라를 기념하는 때이다.' 그는 또한 이렇게 이야기한다.

■ 토라가 주어질 당시 시내 산에서 모든 유대 국가, 삼백만 명의 남자, 여자, 그리고 아이들은 직접적인 하나님의 계시를 경험했다.

---

[68] 유대교에서 '토라'는 성경의 모세 오경을 구성하는 모세의 다섯권의 책만을 의미하지 않는다. 문자적으로 이 단어는 '율법'이라기보다는 '가르침'을 의미하고 성문과 구문 토라에서 발견되는 모든 유대 가르침을 의미한다. 랍비 루이스 제이콥스에 따르면 이것은 '오늘날에 이르기까지 후대 적용들과 심오한 이해를 포함하기에 토라는 유대 종교와 동일하다' (The Jewish Religion – a Companion, p. 562).
[69] The ABC of Shavuoth, 웹싸이트: aish.com/holidays/shavuot

■ 성문 토라와 더불어 하나님은 구전 토라를 주셨는데, 사실 이것이 성문 토라보다 먼저 생겼다.

■ 오순절에 유제품을 먹는 이유 중 하나는 아가서(4:11)에서 찾을 수 있다. 토라가 달콤하고 영양가가 있을 것임을 드러낸다. 아가서는 '… 네 입술에서는 꿀 방울이 떨어지고 네 혀 밑에는 꿀과 젖(Milk)이 있고…'라고 기록하며

■ 오순절 저녁 밤새도록 토라를 공부하며 깨어있는 것은 널리 알려진 풍습이다. 또한 토라는 자기 완성으로 가는 길이기 때문에, 오순절 저녁 학습은 티쿤 레일 샤부옷 (Tikkun Leil Shavuoth)라고 불리우는데, 이것은 '샤부옷 저녁의 자기 완성으로의 행동'을 의미한다.'[70]

이 주장들을 검토해 보자.

직접 계시인가, 신적 중재인가?

유대 국가 전부가 '직접적으로 신적 계시를 경험했는가?' 랍비 심몬스 (Simmons)는 신명기의 다음 구절을 근거로 이야기 한다.

'여호와께서 화염 중에서 너희에게 말씀하시되 음성 뿐이므로 너희가 그 말소리만 듣고 형상은 보지 못하였느니라 여호와께서 그 언약을 너희에게 반포하시고 너희로 지키라 명하셨으니 곧 십계명이며 두 돌판에 친히 쓰신 것이라.' (신 4:12-13)

---

70 The ABC of Shavuoth, 웹싸이트: aish.com/holidays/shavuot

그러나 다음 구절은 하나님께서 토라를 이스라엘에게 주기 위해 모세를 중재자로 삼으신 것을 보여준다.

'그때에 여호와께서 내게 명령하사 너희에게 규례와 법도를 교훈하게 하셨나니 이는 너희가 거기로 건너가 받을 땅에서 행하게 하려 하심이니라' (신 4:14)

신명기의 이 부분은 광야에서 40년간 방황에서 살아남아 약속의 땅으로 들어가려 하는 세대의 유익을 위해 40년 전 시내산에서 일어났던 일을 다시 이야기하고 있다.

하지만 이 이야기가 강조하고 있는 것은 이스라엘 백성에게 시내산으로부터 또한 모세가 하나님과 대면할 동안 따로 분리되어 있으라는 것에 있다.

'모세가 하나님을 맞으려고 백성을 거느리고 진에서 나오매 그들이 산 기슭에 서 있는데 시내 산에 연기가 자욱하니 여호와께서 불 가운데서 거기 강림하심이라 그 연기가 옹기 가마 연기같이 떠오르고 온 산이 크게 진동하며 나팔 소리가 점점 커질 때에 모세가 말한즉 하나님이 음성으로 대답하시더라 여호와께서 시내 산 곧 그 산꼭대기에 강림하시고 모세를 그리로 부르시니 모세가 올라가매 여호와께서 모세에게 이르시되 내려가서 백성을 경고하라 백성이 밀고 들어와 나 여호와에게로 와서 보려고 하다가 많이 죽을까 하노라 또 여호와에게 가까이 하는 제사장들에게 그 몸을 성결히 하게 하라 나 여호와가 그들을 칠까 하노라 모세가 여호와께 아뢰되 주께서 우리에게 명령하여 이르시기를 산 주위에 경계를 세워 산을 거룩하게 하라 하셨사온즉 백성이 시내 산에 오르지 못하리이다 여호와께서 그에게 이르시되

가라 너는 내려가서 아론과 함께 올라오고 제사장들과 백성에게
는 경계를 넘어 나 여호와에게로 올라오지 못하게 하라 내가 그
들을 칠까 하노라' (출 19:17-24)

'뭇 백성이 우뢰와 번개와 나팔 소리와 산의 연기를 본지라 그들
이 볼 때에 떨며 멀리 서서 모세에게 이르되 당신이 우리에게 말
씀하소서 우리가 들으리이다 하나님이 우리에게 말씀하시지 말
게 하소서 우리가 죽을까 하나이다' (출 20:18-19)

이 구절들은 하나님께서 명령을 전달할 때 이스라엘 백성과 직접 소통하신 것이 아니라 선별된 중재자, 즉 모세를 통해서였음을 보여준다. 하나님은 모든 자가 하나님의 임재에 들어올 수 있도록 하지 않으셨으며 몇몇 선택되고 거룩한 이들을 통해서만 말씀하셨다. 특히 모세는 하나님께서 나머지 백성들에게 이야기하실 때 중재자의 역할을 감당했다.

중재자에 대한 필요는 레위기 16장에서 더욱 분명히 나타난다. 여기서 대제사장은 본인의 죄와 백성의 죄들을 위해 제물을 드리기 위해 지성소로 들어가기 전, 희생물을 드리는 정교한 의식을 치른다. 이것은 주님의 임재가 그곳에 머물기 때문인데 만약 대제사장이 올바른 방식으로 제물을 드리지 못하면 이 장소로 들어오는 순간 죽을 위험에 처하게 된다.

구전 토라 (Oral Torah)는 어떠한가?

랍비 심몬스에 의하면 구전 토라는 성문 토라 (Written Torah) 전에 존재했다. 유대인들은 하나님께서 이스라엘에 성문 토라를 주

셨을 때, 구전 토라도 또한 주셨고, 이것은 기록되지 않고 세대를 거쳐 입에서 입으로 전해졌으며, AD 400년쯤 팔레스타인 탈무드와 AD 500년쯤 바벨론 탈무드에서 내용을 뽑아 미쉬나 (Mishan)와 게마라 (Gemara)로 알려진 랍비의 글이 문서화 되었다고 이야기한다.

랍비 심몬스는 이렇게 이야기한다.
'구전 토라는 성문 토라의 해석이 아니다. 사실, 구전 토라는 성문 토라보다 먼저 존재했다. 3,300년 전 유대인들이 시내산 앞에 섰을 때 하나님은 613가지 명령과 함께, 이들을 어떻게 실행해야 할지에 대한 자세하고 실제적인 설명을 주셨다. 그때 당시의 가르침은 말로만 전해졌다. 40년이 지난 후, 모세의 죽음이 임박하고 유대인들이 이스라엘의 땅으로 들어가기 직전 40년이 되어서야 모세는 성문 토라 두루마리 (모세 오경으로 알려진)를 작성했고 백성들에게 주었다.'[71]

우리는 토라가 어떻게 쓰였는지에 대한 명백한 기록을 가지고 있지 않지만, 성경은 성문 토라와 별개인 구전 토라에 대해 기록하고 있지 않다. 이것은 매우 이상한 것이다. 만약 하나님께서 모세에게 구전 토라를 주셨다면 분명히 이에 관해 이야기하셨을 것이다. 하지만 우리는 이에 대한 어떠한 언급도 찾을 수 없다.

오히려 성경은 이와는 정반대의 이야기를 한다. 출애굽기 24장은 '모세가 여호와의 모든 말씀을 기록하고… 언약서를 가져다가 백성에게 낭독하여 듣게 하니…'(출 24:4, 7) 본문에 의하면 이것은 모세가 산으로부터 내려온 즉시 행한 일이다.

나아가 여호수아서는 (모세가 구전 토라를 전달한 것으로 예상되는) 기록된 말씀을 가지고 있었고 이스라엘 백성이 약속의 땅에 들어갈 때에 백성들에게 그것을 낭독했다. 이 쓰여진 말씀은 모세가 전달한 모든 말씀을 담고 있었다.

---

71 What is Oral Torah? Aish ha Torah's Discovery Seminar, 웹싸이트: aish.com.

'그 후에 여호수아가 율법책에 기록된 모든 것 대로 축복과 저주하는 율법의 모든 말씀을 낭독하였으니 모세가 명령한 것은 여호수아가 이스라엘 온 회중과 여자들과 아이와 그들 중에 동행하는 거류민들 앞에서 낭독하지 아니한 말이 하나도 없었더라' (수 8:34-35)

성경을 보면 기록되지 않은 구전 율법이 하나님에 의해 시내산에서 주어진 성문 율법에 보다 먼저 존재했으며, 구전 율법이 기록된 율법처럼 같이 하나님의 감동에 의해 주어졌다는 주장은 말이 되지 않는다. 현대 유대교는 탈무드의 형태인 구전 토라를 하나님의 말씀인 성경과 동일하게 여기거나 심지어 더 중요하게 여긴다. 만약 탈무드가 하나님의 말씀이라면 그럴 수 있지만 그렇지 않다면, 우리는 심각한 문제에 봉착하게 된다. 이는 유대인들이 하나님으로부터 성경을 통해 직접 듣기보다 시대를 거쳐 내려오며 의미를 퇴색시킬 수 있는 사람의 전통을 통해 하나님의 말씀을 보게 하기 때문이다. 이러한 관습은 유대인들이 사실 출애굽 이후가 아닌, 바벨론의 포로에서 돌아온 후부터 시작되었다.

이것은 사람의 전통이나 가르침이 하나님의 말씀보다 더 중요하다는 의미이고, 로마 카톨릭 교회가 가지고 있던 문제와 같다. 성경에 전혀 근거를 두고 있지 않은 몇몇 가르침들을 하나님의 뜻이라고 여긴다. 하나님의 말씀과 동일한 가치가 부여되는 사람의 가르침은 성경 자체의 의미를 희석시킨다. 하지만 이사야는 이러한 일이 일어날 것이라고 정확히 예언했다.

'그러므로 모든 계시가 너희에게는 봉한 책의 말처럼 되었으니…' (사 29:11)

정통 유대인들과 대화를 하면서 나는 이들이 믿고 있는 대부분의 것들이 성경에 거의 또는 전혀 근거가 없거나 심지어 성경과 반대되는 많은 내용이 있다는 것을 발견했다.

예를 들면, 유지방과 육류 제품을 구분하는 복잡한 시스템은 성경에서는 찾기 힘든 빈약한 기초에 근거하고 있다. 내가 사는 런던 바넷(Barnet) 시에있는 골더스 그린(Golders Green), 핀칠리(Finchley), 그리고 헨든(Hendon)의 유대인 지역에 철조망을 설치함으로 에루브(eruv)[72]를 만드는 것과 관련해 큰 논란이 있는데, 이 지역 내에서 유대인들은 안식일에 물건을 나르거나 유모차를 사용하는 것이 허락된다. 나는 하나님의 시각에서 볼 때 이 철조망이 중요성을 이야기하는 어떠한 성경의 구절도 찾을 수 없다.

나는 많은 정통파 유대인들이 하나님께서 토라를 세상의 모든 나라에 주셨는데 이들이 거절했으므로 유대인들에게 주셨고, 그들은 이를 받아들였다고 주장하는 것을 들었다.

하지만 토라는 정작 이와 반대라는 이야기를 한다. 하나님께서는 당신의 목적을 세상에 알리기 위해 주권적으로 유대인들을 선택하신 것이다.

> '너는 여호와 네 하나님의 성민이라 네 하나님 여호와께서 지상 만민 중에서 너를 자기 기업의 백성으로 택하셨나니 여호와께서 너희를 기뻐하시고 너희를 택하심은 너희가 다른 민족보다 수효가 많기 때문이 아니니라 너희는 오히려 모든 민족 중에 가장 적으니라 여호와께서 다만 너희를 사랑하심으로 말미암아, 또는 너희의 조상들에게 하신 맹세를 지키려 하심으로 말미암아 자기의 권능의 손으로 너희를 인도하여 내시되 너희를 그 종 되었던 집에서 애굽 왕 바로의 손에서 속량하셨나니' (신명기 7:6-8)

유대인들이 성경보다 탈무드에 강조를 둠으로 스스로 성경을 읽고 그 의미를 알기 위해 하나님을 찾지 못하게 된다. 내가 하스모네안(Hasmonean) 학교에서 교사로 일할 때 한번은 점심시간 동안 성경의 이사야서를 읽으며 교실에 앉아 있었다. 이때 한 정통파 소년이 들어와 성경을 읽고 있는 것을 보고 약간 충격을 받으며 '우리는 당신처럼 절대 성경을 바로 읽지 않아요'라고 이야기했다. '당신은 주석과 함께 성경을 읽어야 해요. 그렇지 않으면 이해할 수 없어요.' 성경은 유대인들이 세상에 전달한 가장 큰 선물이다. 성령님으로 말미암아 저자들을 감동케하여 성경을 기록하신 하나님은 오늘날 자신을 찾는 자들에게 동일한 성령님으로 말미암아 그 의미를 계시하신다.

토라는 쓴가? 달콤한가?

토라는 공부하는 이들에게 달콤하고 풍부한 가치를 가지고 있다. 다윗은 시편 19편에서 이렇게 기록한다.

'여호와의 율법은 완전하여 영혼을 소성시키며
여호와의 증거는 확실하여 우둔한 자를 지혜롭게 하며
여호와의 교훈은 정직하여 마음을 기쁘게 하고
여호와의 계명은 순결하여 눈을 밝게 하시도다
여호와를 경외하는 도는 정결하여 영원까지 이르고
여호와의 법도 진실하여 다 의로우니
금 곧 많은 순금보다 더 사모할 것이며 꿀과 송이꿀보다 더 달도다
또 주의 종이 이것으로 경고를 받고
이것을 지킴으로 상이 크니이다'
(시 19:7-11; 시 119편도 보라)

하지만 토라의 다른 면이 있다. 이스라엘 백성은 이 말씀, 즉 모세가 받아 적고 사람들에게 낭독한 말씀에 '여호와의 모든 말씀을 우리가 준행하리이다'(출 24:7)고 말하며 동의했다. 그러나 얼마 지나지 않아 이들은 금송아지를 경배하여 하나님께서 심판을 자초했다.

> '여호와께서 또 모세에게 이르시되 내가 이 백성을 보니 목이 뻣뻣한 백성이로다 그런즉 내가 하는 대로 두라 내가 그들에게 진노하여 그들을 진멸하고 너를 큰 나라가 되게 하리라'(출 32:9-10)

이 때, 모세가 중재자로서 나서지 않았다면 하나님께서는 심판으로 온 이스라엘을 멸망시키셨을 것이다. 사실 이 죄의 결과로 모세의 중재에도 불구하고 삼천 명이 죽임을 당했다.

신명기 28장의 토라를 종합해 보면, 이들이 이스라엘이 약속의 땅으로 들어갈 때 하나님께서는 토라에 순종하면 복을 받을 것이지만, 순종하지 않으면 저주(심판)를 받게 될 것이라고 경고하신다. 저주의 마지막은 이 땅으로부터 흩어져 이방 나라들 가운데 '마음을 떨게 하고 눈을 쇠하게 하고 정신을 산란하게 하여'(신 28:65) 살게 될 것이다. 성경에 기록된 이스라엘의 역사는 이 원리가 고스란히 적용됨을 보여준다. 이들이 순종하여 나아갈 때는 축복을 받았지만 불순종에는 항상 심판이 따랐다. 이 모습은 토라의 쓴(Bitter) 면을 보여준다.

토라는 하나님께로 이르는 다리인가?

토라의 이런 혹독한 면은 죄로 인해 우리가 하나님과 얼마나 분리되어 있는지를 보여준다. 반면 랍비 심몬스는 오순절 시 밤새도록 토라를 공부하는 것을 '자가 완성의 행위'라고 말한다. 그러나 성경은 어느 누구도 스스로의 노력으로 '자가 완성'에 이를 수 없음을 보여 준다. 전도서 7:20은 이야기하길,

'선을 행하고 전혀 죄를 범하지 아니하는 의인은 세상에 없기 때문이로다'

'무릇 우리는 다 부정한 자 같아서 우리의 의는 다 더러운 옷 같으며 우리는 다 잎사귀 같이 시들므로 우리의 죄악이 바람 같이 우리를 몰아가나이다'(사 64: 6)

인류의 역사는 사실임을 낱낱이 보여준다. 모든 종교적인 사람들은 자신의 말과 행동의 엄청난 간극을 보여주며 다른 사람들을 하나님께로 멀어지게 하는 데 앞장서고 있다.

마이모니데스 5장에서 예수님에 대한 비난 중 하나는 예수님께서 토라를 고치셨다는 것이다. 오늘날 기독교인들은 대부분 유대 절기나 음식법을 지키지 않는다. 신약 성경은 이러한 것을 지키는 것에 대해 중요하게 이야기하지 않는다. 로마서 14장에 의하면 이것은 각자의 결정에 달려 있다. 예수님을 믿는 많은 유대인은 성경적 음식법을 지켜야 한다고 믿었지만, 신약 성경 저자들은 이것이 하나님과의 관계에 영향을 미치는 것이 아니라고 이야기한다.

신약 성경은 예수님의 소식을 전 세계에 전파하는 것을 강조하기에 예수님을 믿는 유대인 제자들이 음식법과 안식일법을 지키며 이 명령을 따르는 것은 어려웠을 수 있다. 이들은 이교도에게 복음을 전하기 위해 이들과 어울려야 했고 이들과 더불어 식사해야 했다. 사도행전 11장은 베드로가 '무할례자'와 같이 먹으므로 예루살렘 교회 때문에 어떻게 비난 받았는지 기록한다. 이 문제는 사도행전

15장에 제자들의 공의회서 다루어진다. 이들은 예수님을 믿게 된 이방인들이 '우상의 더러운 것' 또는 피와 함께 음식을 먹지 말 것을 요구한다. 하지만 이 외에 코셔를 지킬 의무는 없다고 결론 내린다.

반면 유대교의 강조점은 다르다. 이들은 성전의 함락과 열방으로의 흩어짐 이후 이방인과의 결혼과 이방 사회로의 흡수를 막기 위해 유대인들을 비유대인들로부터 분리하는 데 주안점을 두었다. 코셔와 안식일을 지키는 것 등은 이방 사회에서 유대 공동체가 분리되어 이들의 정체성을 유지하는데 주요한 수단이 되었다.

하지만 그 과정에서 현대 유대교는 토라의 몇몇 중요한 강조점을 놓치고 있다. 나는 예수님을 믿는 한 유대인 친구와 함께 런던의 스템포드 힐(Stamford Hill)에서 몇몇 초 정통파 유대인들과 이야기를 나누었다. 내 친구를 겨냥한 이들의 주된 비판은 그가 코셔를 지키지 않는다는 것이었다. '너는 페사흐[Pesach, 유월절]에 초멧츠[Chometz, 누룩이 포함된 음식]를 먹냐?'가 그들이 물었던 가장 중요한 질문 중 하나였다. 내 친구가 유월절 동안 누룩을 먹지 않는 랍비의 원칙을 지키지 않는다고 답변하자, 이것을 큰 죄로 간주하며 예수님을 믿는 그의 믿음을 비난했다. 하지만 그는 예수님을 믿기 전에도 이러한 율례를 지키지 않았기 때문에 이 비난은 말이 안되는 것이었다. 그리고 사실 대부분의 유대인들은 정통 유대교의 원칙들을 잘 지키지 않는다.

또한 이러한 많은 원리가 삶과 연관이 있기보단 주로 주방과 연관이 있다는 것을 주목할 필요가 있다. 특히 '너는 염소 새끼를 그 어미의 젖으로 삶지 말지니라'(출 23:19) 구절에 대한 랍비의 해석은 한 식사에 유지방류와 육류를 같이 먹으면 안 될뿐더러 같은 접시와 수저 등을 사용해서도 안 된다. 사실 이 구절은 문맥상 어미의 젖에 동물을 요리하는 이방 다산 의식에 관한 것이나 동물 학대에 관한 것으로 보아야 한다. 전 세계에 먹을 고기와 치즈도 없고, 분리해서 먹을 접시도 없는 사람이 많은데, 소수의 유대인이 치즈가 묻은 접시에 고기를 먹는지 안 먹는지에 대한 이슈가 우주의 창조주인 주님에게 심각한 문제가 될 것으로 생각하는가? 성경에서 당신을 계시하신 하나님의 마음은 의로움과 정의를 드러내시는 데 있지, 현대 유대교를 지배하고 있는 세세한 부엌 규정에 있는 것이 아니다.

'사람아 주께서 선한 것이 무엇임을 네게 보이셨나니 여호와께서 네게 구하시는 것은 오직 정의를 행하며 인자를 사랑하며 겸손하게 네 하나님과 함께 행하는 것이 아니냐?' (미 6:8)

바리새인들과 이 '장로들의 전통'을 따라 손을 씻지 않는 예수님의 제자들을 비난 할때 예수님께선 같은 문제를 지적하시며 성경이 '봉한 책'이 되어버린 것에 대해 이야기하는 이사야의 한 구절을 인용하셨다.

'... 이 백성이 입술로는 나를 공경하되 마음은 내게서 멀도다 사람의 계명으로 교훈을 삼아 가르치니 나를 헛되이 경배하는도다 하였느니라' (사 29:13을 보라)

'너희가 하나님의 계명은 버리고 사람의 전통을 지키느니라' (막 7:6-8)

예수님은 이어 말씀하시길,

'무엇이든지 밖에서 사람에게로 들어가는 것은 능히 사람을 더럽게 하지 못하되 사람 안에서 나오는 것이 사람을 더럽게 하는 것이니라... 무엇이든지 밖에서 들어가는 것이 능히 사람을 더럽게 하지 못함을 알지 못하느냐 이는 마음에 들어가지 아니하고 배로 들어가 뒤로 나감이라 이러므로 모든 음식물을 깨끗하다 하시니라… 사람에게서 나오는 그것이 사람을 더럽게 하느니라 속에서 곧 사람의 마음에서 나오는 것은 악한 생각 곧 음란과 도둑질과 살인과 간음과 탐욕과 악독과 속임과 음탕과 질투와 비방과 교만과 우매함이니 이 모든 악한 것이 다 속에서 나와서 사람을 더럽게 하느니라' (막 7:15, 18-23)

산상 수훈(마 5-7장)에서 예수님은 말씀하시길,

'내가 율법이나 선지자를 폐하러 온 줄로 생각하지 말라 폐하러 온 것이 아니요 완전하게 하려 함이라' (마 5:17)

예수님께서는 토라로부터 율법을 인용하시며 마음을 먼저 다루어야 할 것에 대해 말씀하셨다. 우리는 살인을 하지 말아야 할 뿐만 아니라, 이유 없이 성내지 말고, 상한 관계가 있다면 가능한 한 빨리 화해를 해야 한다. 우리는 간음을 범하지 말아야 할 뿐 아니라, 음탕한 눈으로 여자를 바라보지 말아야 한다. 우리는 원수를 사랑하고 우리를 미워하는 이들을 위해 기도해야 한다.(마 5:21-48) 예수님은 제자들에게 이렇게 말씀하셨다.

'너희는 세상의 빛이라 산 위에 있는 동네가 숨겨지지 못할 것이요… 너희 빛이 사람 앞에 비치게 하여 그들로 너희 착한 행실을 보고 하늘에 계신 너희 아버지께 영광을 돌리게 하라' (마 5:14, 16)

선지자들은 또한 이스라엘을 향한 하나님의 뜻은 이방인들에게 빛이 되고(사 49:6) 이교의 우상들과 이스라엘의 유일하시고 참되신 하나님 사이의 차이를 선포하는 것이라고 이야기한다.(사 45:18-25) 창세기 12:3에서 아브라함과 맺은 약속은 이렇다.

> '너를 축복하는 자에게는 내가 복을 내리고 너를 저주하는 자에게는 내가 저주하리니 땅의 모든 족속이 너로 말미암아 복을 얻을 것이라 하신지라'

아브라함을 유대인들의 아버지로 선택하시는 바로 그 순간부터 하나님은 그 후손들이 지구 모든 열방들에게 복이 되도록 예정하셨다.

신명기 28장에서 하나님은 이스라엘이 주님께 순종하면 다음과 같이 되리라 약속하신다.

> '땅의 모든 백성이 여호와의 이름이 너를 위하여 불리는 것을 보고 너를 두려워하리라… 여호와께서 너를 위하여 하늘의 아름다운 보고를 여시사 네 땅에 때를 따라 비를 내리시고 네 손으로 하는 모든 일에 복을 주시리니 네가 많은 민족에게 꾸어줄지라도 너는 꾸지 아니할 것이요 여호와께서 너를 머리가 되고 꼬리가 되지 않게 하시며 위에만 있고 아래에 있지 않게 하시리니 오직 너는 내가 오늘 네게 명령하는 네 하나님 여호와의 명령을 듣고 지켜 행하며'(신 28:10, 12-13)

이 말씀은 이방 나라들이 하나님께서 이스라엘을 위해 하시는 일들을 갈구하고, 이스라엘로 말미암아 축복을 받고, 이스라엘의 하나님을 더 알기 원하는 모습을 보여준다. 솔로몬 왕의 통치 시작에 이것이 실현되는 것을 보게되지만 슬프게도 이스라엘의 역사는 그 후 후퇴하여 결국 신명기 28:15-68 나머지 말씀의 심판대로 열방에 흩어지게 된다.

기독교 교회들 역시 이 책의 2장에서 요약한대로 이스라엘과 같은 길을 걷는다. 하지만 대부분 기독교인들이 그들의 구속자를 잘못 대표했을지라도 예수님을 진정으로 믿는 자들은 열방들에게 축복을 가져다 주기 위해 전 세계로 나아갔다. 인도에서 힌두 남편이 사망하면 부인도 산 채로 함께 장작 더미 위에서 불태우는 '사티(Sati)'라는 끔찍한 전통에 대항한 것은 윌리암 케리(William Carey) 선교사가 이끈 인도의 기독교 선교사들이었다. 19세기에 노예 제도를 종식시키기 위해 싸운 사람들은 윌리암 윌버포스(William Wilberforce)나 존 뉴톤(John Newton)같은 성경을 믿는 기독교인들이었다.

데이빗 리빙스톤(David Livingston)같은 기독교 선교사들은 아프리카 부족들에게 약품과 교육을 제공했고 이 사람들을 주술사들이나 미신가들의 속박으로부터 구출하기 위해 노력했다. 무엇보다 성경을 믿는 기독교인들은 성경을 세계의 주요 언어들로 번역하여 오늘날 중국에서부터 남미에 이르기까지 예수님을 믿음으로 말미암아 아브라함, 모세, 다윗, 그리고 히브리 선지자들에 대해 아는 사람들이 늘어나고 있다. 하나님의 관점에서 볼 때, 유제품만을 위한 접시에 고기를 먹지 않는 것, 또는 사람들에게 성경을 읽도록 하고 종살이로부터 해방되도록 하는 것 중 무엇이 더 중요하겠는가? [73]

사실 현대 유대교는 또한 토라의 여러 계명을 지키는 데 실패했다. 에이쉬(Aish) 웹싸이트에 마이모니데스가 구분되고 기록한 613

---

73 에루브, '조화'를 의미하는 히브리어인데 안식일날 집밖에서 사물을 운반하지 못하게 하는 율법을 완화하도록 허용하는 랍비들의 수단이다. 방법은 우선 지역에 경계를 두르고 이것을 집안의 확장으로 간주한다. 런던 북쪽의 에루브는 경계를 표시하기 위해 봉에 연결된 철사를 연결시켜 정통파 유대인들이 안식일날 집밖에서 물건을 운반하거나 유모차를 밀 수 있도록 허용한다.

가지의 계명들을 보아라.[74]

이 목록은 유대 율법에 관한 고전적 개론, 미쉬네 토라(Mishneh Torah)에서 따른 것이다. 301번에서 442번까지 모두 성전과 제물과 관련한 것인데 오늘날 누구도 이것을 문자적으로 지킬 수 없다. 이것에 대해 성전이 있었더라면 제물이 드려졌을 것이라고 주장하지만, 유대교는 이미 이러한 제물들이 필요하지 않게끔 변했고 더구나 레위 제사장 체계 자체가 존재하지 않는다. 그러므로 오늘날 전 세계에 흩어져 있는 어떤 유대인도 613 율법 중 100가지가 넘는 항목들을 지키지 않고 있으며 이는 약 2천 년 동안 지속하여 온 것이다.

랍비들에 따르면 596~8번들은 언급되는 나라들은 이미 사라졌기 때문에 더 이상 적용되지 않는다.
이것은 다음과 같다.
596, 일곱 개의 가나안 족속을 멸망시켜라.
597, 이들 중 어느 누구도 생존하지 못하게 하라.
598, 아말렉 후손들을 남기지 말라.

에이쉬 웹사이트에 명시된 37~41번 또한 무시무시하다!
37, 선교사를 사랑하지 말라.
38, 선교사 미워하기를 그치지 말라.
39, 선교사를 구해주지 말라.
40, 그를 옹호하는 어떠한 것도 이야기하지 말라.
41, 그를 고발하기를 그치지 말라.'

이러한 명령들을 제쳐둔다 하더라도 오늘날과 분명히 연관이 있는 명령들조차 지키기에 어렵거나 불가능하다. 얼마나 많은 사람들이 십계명을 읽고 정직하게 '나는 이들 중 어느 하나도 어기지 않았습

---

74 The 613 Commandments, 웹싸이트: aish.com

니다'고 이야기할 수 있는가? 설혹 우리가 도둑질하지 않는다 하더라도 다른 사람의 소유, 삶의 수준, 또는 가족을 탐내지 않는가? 우리가 그렇게 한다면 우리는 십계명 중 하나를 어기는 것이다. 누가 정말 하나님을 '마음을 다하고 뜻을 다하고 힘을 다하여'(신 6:5 - 613 율법 중 4번) 사랑하라는 명령을 지키고 있는가?

에이쉬 웹싸이트에서 '네 이웃 사랑하기를 네 자신과 같이 사랑하라'(레 19:18 ~ 613 율법 중 13번)가 '유대인들을 사랑하라' (즉 그/그녀가 누구든지 너의 이웃을 사랑하라는 일반적 명령이 아닌)로 바뀐 것은 주목할 만 하다. 신약 성경을 보면 이것은 예수님의 가장 잘 알려진 비유인 선한 사마리아인(눅 10:25-37)에 대해 말씀하셨던 것이다. 너의 이웃을 사랑하라는 명령을 너의 동료 유대인만 사랑하라는 것으로 해석하는 것은 성경의 하나님을 유대인 민족의 신으로 축소시키는 것이다.

만약 어느 누구도 이러한 율법 모두를 지킬 수 없다면, 이 방법에 의해 구원을 추구하는 자들은 저주의 아래 놓여지는 것이다. 이미 언급하였듯이 하나님의 명령들을 지키는데 있어 우리의 실패는 하나님과 우리 사이의 단절을 보여주며 우리는 이 단절을 이을 중재자가 필요하다. 이것이 바로 하나님께서 이스라엘과 새언약을 맺으실 것을 약속하신 이유인데, 이것은 옛 언약이 잘못되서가 아니고, 이것을 지키는 것이 불가능하기 때문이다. 이 새 언약과 관련해 예레미야서는 이렇게 이야기한다.

> '여호와의 말씀이니라 보라 날이 이르리니 내가 이스라엘 집과 유다 집에 새 언약을 맺으리라 이 언약은 내가 그들의 조상들의 손을 잡고 애굽 땅에서 인도하여 내던 날에 맺은 것과 같지 아니할 것은 내가 그들의 남편이 되었어도 그들이 내 언약을 깨뜨렸

음이라 여호와의 말씀이니라 그러나 그 날 후에 내가 이스라엘 집과 맺을 언약은 이러하니 곧 내가 나의 법을 그들의 속에 두며 그들의 마음에 기록하여 나는 그들의 하나님이 되고 그들은 내 백성이 될 것이라 여호와의 말씀이니라 그들이 다시는 각기 이 웃과 형제를 가리켜 이르기를 너는 여호와를 알라 하지 아니하리니 이는 작은 자로부터 큰 자까지 다 나를 알기 때문이라 내가 그들의 악행을 사하고 다시는 그 죄를 기억하지 아니하리라 여호와의 말씀이니라' (렘 31:31-34)

새 언약

이 구절에 의하면 새 언약은 죄를 사하며 하나님을 알도록 하고 하나님의 법이 마음에 기록된다. 이것은 하나님께서 인류와 관계를 맺으시는 방법으로(즉, 하나님께로의 다리) 시내산에서 주어진 언약을 대체한다. 예수님께서 페사흐(Pesach, 유월절)의 전날, 빵과 포도주를 취하셨을 때 포도주가 담겨진 잔을 '내 피로 세우는 새 언약이니 곧 너희를 위하여 붓는 것이라'(눅 22:20)고 표현하셨다. 이렇게 하심으로 출애굽을 이야기하는 상징을 세상 죄들을 지고 가시는 유월절 어린양이신 자신에게 적용하심으로 재해석하셨다. 예수님께선 세상에서 하나님의 율법을 지키는데 실패하고, 죄에 얽매인 영적 종살이로부터 우리에게 해방을 가져오신다.

바울은 갈라디아에 살고 있는 메시아를 믿는 이들에게 보낸 편지에서 토라에 대해 이같이 율법이 '우리를 그리스도께로 인도하는 초등교사가 되어 우리로 하여금 믿음으로 말미암아 의롭다 함을 얻게 하려 함이라'(갈 3:24)라고 묘사한다. 이것을 통해 그는 우리가 스스로 '자가 완성'에는 이룰 수 없으며 하나님께서 요구하시는 것과 우리가 이룰 수 있는 사이에 큰 차이가 있음을 보여 준다.

토라(율법)는 우리가 모두 하나님의 영광에 미치지 못하여, 회개와 받으시는 제사, 즉 예수님을 믿음으로 하나님과 관계를 회복해야 함을 옛 언약 아래에서 보여준다. 이것은 욤 키푸르(Yom Kippur, 대속죄일)에 동물들의 피를 통해 성취되었다. 하지만 이제는 메시아 되신 예수님께서 하나님께로 이르는 우리의 다리가 되어 주셨고, 그의 말씀, '내가 곧 길이요 진리요 생명이니 나로 말미암지 않고는 아버지께로 올 자가 없느니라'(요 14:6)를 성취하셨다.

예수님은 당시 학식있던 랍비 니고데모에게 새 언약에 들어가기 위해 '거듭나야 하겠다'(요 3:7)라고 말씀하셨다. 이것은 육체적인 다시 태어남이 아니라 영적인 거듭남으로 에스겔서에 예언되어 있다.

> '또 새 영을 너희 속에 두고 새 마음을 너희에게 주되 너희 육신에서 굳은 마음을 제거하고 부드러운 마음을 줄 것이며 또 내 영을 너희 속에 두어 너희로 내 율례를 행하게 하리니 너희가 내 규례를 지켜 행할지라' (겔 36:26-27)

시내산에서의 언약이 하나님의 택하신 종, 모세를 통해 중재되듯, 새 언약도 '모세와 같은 선지자'(신 18:15-18)를 통해 중재되어야 했다. 이사야는 이 분이 선지자 이상의 분임을 밝혔다. 비록 그가 아이로 태어날 것이지만 '그의 이름은 기묘자라, 모사라, 전능하신 하나님이라, 영존하시는 아버지라, 평강의 왕이라 할 것임이라.' (사 9:6)

제 12 장
진정한 메시아?

메시아의 정체성에 관한 문제는 학문적일 뿐 아니라, 지구상에 살고 있는 모든 이들, 특히 유대인들에게 매우 중요한 것이다. 이스라엘 국가의 재탄생과 중동에서의 위기는 오늘날 많은 이들 가운데 성경이 메시아와 마지막 때와 관련해 무엇을 이야기하는지 관심을 불러 일으키고 있다. 에이쉬 웹싸이트에 올라온 글에서 랍비 윌슨(Wilson)은 이렇게 이야기한다.

'우리는 매우 불안한 시대에 살고 있다. 불과 이 년 전만 하더라도 이방인과 유대인은 중동의 평화적 해결에 대해 긍정적이었는데, 오늘날 그러한 낙관론은 염려와 실망이 되었다. 대책 없고 무자비한 테러에 대한 염려, 그리고 어느 누구도 도움이 되지 않는 것과 같은 상황으로부터의 절망.

지난 50년 전보다 훨씬 더, 유대인뿐아니라 모든 세계는 구원자가 필요하다. 우리에겐 전쟁을 치루는 두 민족 사이의 미미한 협상을 넘어서 무언가를 할 수 있는 누군가가 필요하다. 우리는 즉시 그리고 단번에, 모든 인류의, 특히 중동의 갈등에 종지부를 찍을 수 있는 누군가가 필요하다. 그리고 만약 그가 이 무리한 요구를 성취할 수 있다면 그는 세상에 존재하는 다른 악(evil)도 무엇이든 제거할 수 있을 것이다. 그가 오랫동안 꿈꿔왔던 세계 평화를 성취한다면 더이상 비윤리적이고 부도덕한 행동은 없을 것이다. 그가 실제로 구원자라면, 첫 기준인 도덕적이고 고결한 삶이 다스리는 영원하고 이상적인 사회로 이끌도록 해야 한다. 그러면 이러한 성경적 관점의 현대적 영웅을 어떻게 불러야 할 것인가? 유대교에서 그는 항상 "모시아흐," (Moshiach, 메시아) "기름 받은 자"로 불리었는데 왜냐하면 그는 유대인의 왕으로서 기름 부음을 받을 것이기 때문이다.'[75]

오늘날 유대교에서 메시아사상은 세상의 잘못을 바로잡고 세계 평화를 조성하기 위해 오는 인물에게 초점을 둔다. 이 관점에 따르면 이 인물은 분명 예수님이 아니다. 랍비 아리에 카플란(Aryeh kaplan)의 책 '진정한 메시아?'(The Real Messiah?)에서는 예수님께서 메시아라는 주장을 비판하며 그가 보기에 성경이 가르키고 있는 메시아가 누구인지 이야기하며 결론을 맺는다.

1976년에 출판된 랍비 카플란의 메시아에 대한 관점은 인류의 이익을 위한 기술의 발전을 긍정적으로 바라본다. 하지만 현재의 벌어지고 있는 사건들은 이러한 관점이 헛된 희망임을 보여준다.

'2천 년 전에 살았던 사람이 지금으로부터 2백 년 전 세상을 본다면 별 차이점을 못 느낄 것이지만, 2백 년 전 사람이 현대 사회를 본다면 그의 모든 상상을 뛰어넘은 모습에 충격을 받을 것이다. 더 이상 달에 가는 것은 불가능의 상징이 아니다. 원자들이 부서지고 생명의 신비들이 발견되고, 인류를 위협했던 전염병의 공포가 더 이상 존재하지 않는 사회… 그렇다면 전쟁, 불의, 불공평, 환경에 대한 파괴 그리고 우리가 한때 피할 수 없다고 느꼈던 죄악들을 더 이상 허용하지 않는 시대도 오게 되지 않을까?'[76]

그가 이러한 예상을 하는 이유는 오실 메시아에 대한 표징으로서 이스라엘의 회복 때문이다. '2천 년간의 고통과 기도 후에, 우리는 다시 한번 우리의 고토를 다스리게 되었다.' 그는 이것이 '우리가 대부분의 유대 선지서들이 오리라 예언했던 시대인 메시아 시대의 서

---

75 웹싸이트: aish.com, 2002년에 게시됨.
76 Aryeh Kaplan, The Real Missiah?, p. 82.

막에'[77] 들어섰음을 보여주는 것이라고 이야기한다.

랍비 카플란의 책은 1976년에 쓰였다. 내가 이 책을 쓰고 있는 2003년, 사회는 에이즈와 같이 알려진 치유법이 없는 새로운 질병들로 황폐케 되어있고, 전쟁과 테러가 증가하고 있다. 지구 온난화와 환경의 파괴는 지구상 모든 생명의 미래를 위협할 정도의 규모로 일어나고 있다. 세계 유대인들이 오랫동안 추방된 후 돌아오고 있는 나라, 이스라엘은 나치 이후로 가장 심한 아랍과 무슬림 세계의 반 유대적 선전과 함께 폭력적이고 공격적인 테러 행위도 포위되어 있다. 국제 연합 (UN)이라는 세계 공동체는 이스라엘의 자주권을 위협하고 있다. 예루살렘은 유대교에게 가장 거룩한 장소가 위협적인 무슬림들의 손에 넘어갈 위협에 직면해있다.

메시아의 전조로 이 세상이 더욱 좋아질 것이라는 긍정적 각본은, 중동과 세계의 전례 없는 분쟁을 이야기하는 진정한 성경 말씀 아래 그 빛을 잃어가고 있다.

랍비 카플란은 메시아 시대가 가져올 수 있는 갈등에 대해 이야기한다.

'기술적이고 사회적인 급격한 변화는 거대한 사회적 격변의 이라는 결과를 초래할 것이다. 급격한 변화들은 "체블리 모쉬아흐 (Chevley Moshiach)" 또는 종종 메시아의 출생으로 종종 언급되는 큰 고통을 야기할 것이다. 만약 메시아께서 기적과 함께 오신다면 이러한 변화들을 피할 수 있겠지만, 그의 오심과 동반되는 거대한 변화는 위기를 초래하게 될 것이다.'[78]

성경은 '주님의 날'이 이르기전 재난의 시간이 임할 것을 매우 분명히 이야기하고 있다.

---

77 Aryeh Kaplan, The Real Missiah?, p. 83.
78 Aryeh Kaplan, The Real Missiah?, p. 89.

'슬프다 그 날이여 그와 같이 엄청난 날이 없으리라 그 날은 야곱의 환난의 때가 됨이로다 그러나 그가 환난에서 구하여 냄을 얻으리로다'(렘 30:7)

'… 이는 여호와의 날이 이르게 됨이니라 이제 임박하였으니 곧 어둡고 캄캄한 날이요 짙은 구름이 덮인 날이라 새벽 빛이 산 꼭대기에 덮인 것과 같으니 이는 많고 강한 백성이 이르렀음이라 이와 같은 것이 옛날에도 없었고 이후에도 대대에 없으리로다'(욜 2:1-2)

'그 때에 네 민족을 호위하는 큰 군주 미가엘이 일어날 것이요 또 환난이 있으리니 이는 개국 이래로 그 때까지 없던 환난일 것이며 그 때에 네 백성 중 책에 기록된 모든 자가 구원을 받을 것이라'(단 12:1)

이것은 예수님께서 고유한 어려움들이 이런 날들 전에 올 것이라고 하시는 말씀과 정확히 일치된다.

'이는 그 때에 큰 환난이 있겠음이라 창세로부터 지금까지 이런 환난이 없었고 후에도 없으리라' (마 24:21)

랍비 카플란은 오실 메시아가 '인간 부모로부터 정상적으로 태어나 죽음을 피할 수 없는 인간'이며 역사를 바꾼다고 이야기 한다.

'예를 들면 우리는 히틀러 같은 악독한 천재들이 문자 그대로 전 국가를 홀려 문명화된 사회가 정상적으로 생각하기 힘든 일들을 하도록 하는 것을 보았다. 만약 악을 위해 이런 능력이 존재한다면 분명 선을 위해서도 존재할 것이 분명하다.'[79]

그는 이 메시아께서 역사를 바꿀 그의 놀라운 능력으로 현 세상의 문제들을 해결해 나갈 것이라고 이야기한다.

'인류의 역사 가운데 누구보다도 뛰어난 능력이 있는 지도자를 상상해보라. 다른 모든 이들을 앞서는 정치적 천재를 생각해보라. 마음껏 사용할 수 있는 거대한 네트워크로 그는 전 세계에 그의 메시지를 전하고 사회의 구조를 변화 시킬 것이다.'[80]

그는 이러한 메시아가 나타날 시나리오를 제시한다.
'한가지 가능한 시나리오는 중동 상황이 개입되는 것이다. 이것은 모든 세상 권력이 여기에 관련되어 있다. 이제 이 어려운 문제를 해결하는 한 유대인, 짜딕 (Tzadik, 문자적으로 '의로운 자')을 상상해 보라. 그의 정치적 천재성은 그를 세계 지도자 반열에 올려놓을 것이고 세계 권력자들은 그에게 귀를 기울일 것이다.'[81]

그는 이어 이 메시아가 어떻게 흩어진 자들을 이스라엘로 모으고, 성전을 재건하고 모든 인류가 평화 가운데 살도록 하며, 하나님의 가르침들을 따르게 할지 묘사한다. 결론짓기를,

'사회가 완전해 짐에 따라 세상이 점점 더 거룩해 짐으로 사람들은 초월적인 것을 탐구하기 시작할 것이다. 선지자가 이야기했듯 (사 11:9), "모든 지구가, 마치 물이 바다를 덮음 같이, 하나님에 대한 지식으로 가득할 것이다." 점점 더 많은 사람들이 예언의 신비적 성취를 주목하게 될 것인데, 이것은 요엘에 의해 예언된 것과 같다, "이 후에 내가 모든 육체에 내 영을 부어 줄 것이고, 너희 아들들과 너희 딸들이 예언하게 될 것이다."'[82]

79　Aryeh Kaplan, The Real Missiah?, p. 91.
80　Aryeh Kaplan, The Real Missiah?, p. 92.
81　Aryeh Kaplan, The Real Missiah?

이것은 기다리던 메시아가 세계 무대에 나타날 것이고, 그의 카리스마적인 성향으로 평화와 하나님을 따르는 길로 이끌 것인가? 아니면 현 사태들이 좀더 사악한 인물이 나타나도록 하는 길을 예비하고 있는 것인가?

내가 보기엔 랍비 카플란이 말하는 메시아는 성경이 이야기하고 있는 마지막 때에 나타날 반 메시아 또는 적 그리스도가 되리라고 본다.

이러한 이유로 예언을 해석하는 것은 학자들의 토론 주제가 아니라, 마지막 때에 거짓된 메시아에 의한 속임을 피하고자 모든 이들이 알아야 하는 핵심적인 것이다.

유대적 메시아에 대한 소망은 세상을 평화롭게 하고 이스라엘을 구원하려고 올 한 위대한 인물에게 초점을 맞추지만, 성경 예언은 이것이 헛된 소망이고 이는 곧 깊은 환멸과 배신으로 이어진 것이다. 성경 예언들은 메시아의 진정한 정체성을 보여 준다. 스가랴 선지자는 이 주제에 대해 놀라운 정보를 가지고 있다. 그는 주변 지역의 국가들뿐만 아니라, 전 세계에 영향을 미칠 예루살렘을 두고 벌어질 세계적 갈등을 묘사한다.

> '그 날에는 내가 예루살렘을 모든 민족에게 무거운 돌이 되게 하리니 그것을 드는 모든 자는 크게 상할 것이라 천하 만국이 그것을 치려고 모이리라' (슥 12: 3)

이 세대의 마지막 때에 아랍 - 이스라엘 갈등뿐 아니라 누가 예루살렘을 다스릴지에 대하여 세계적 갈등이 있을 것이다. 시편 83편은 유대 국가를 제거하려는 이스라엘 주변국들의 열망을 묘사한다.

---

82   Aryeh Kaplan, The Real Missiah?, p. 95.

'말하기를 가서 그들을 멸하여 다시 나라가 되지 못하게 하여
이스라엘의 이름으로 다시는 기억되지 못하게 하자 하나이다'
(시편 83:4)

이 주제는 지구상 어떤 다른 문제보다 더 많은 국제 연합 결의안을 통과시키며 세계적인 관심사가 될 것이다. 종교적, 경제적 그리고 정치적 이유로 이 갈등은 마지막 때 세계 모두의 관심사가 될 것이고 평화적 협상을 위한 길을 찾는 것이 중요한 안건이 될 것이다. 오늘날 모든 나라를 대표하는 기관 (유엔)의 지원을 받아 세계 주요 국가들 (미국, 유럽 연합 그리고 러시아)이 중동의 평화 계획을 조정하기 위해 노력하고 있다.

중동 사태를 해결하는데 세계가 집중하는 이유는 중동 사태가 거대한 파멸을 가져올 수 있는 무기를 사용하게 되는 큰 전쟁을 유발할 수 있기 때문이다. 이미 오슬로 협정(The Oslo Accords)에서 이를 위한 '7년' 평화 계획을 실현하기 위한 시도가 있었는데, 조정안이 체결된 7년 후에 파기되고 말았다. 시편 83편이 예언하는 이스라엘을 제거하려는 또 다른 시도는 아랍으로 인해 실패할 것이지만 이 사건은 핵무기의 위협을 차단하기 위해 전 세계를 평화협상의 테이블로 모이게 할 것이다.

다니엘서의 예언들은 적그리스도가 이러한 평화 협정을 성취할 이가 될 것을 암시한다. 다니엘서 9장은 적그리스도인 '장차 오게 될 왕'에 대해 이야기한다. 그는 제2성전을 파괴한 로마인들과 관련이 있다.

'예순 두 이레 후에 기름 부음을 받은 자가 끊어져 없어질 것이며 장차 한 왕의 백성이 와서 그 성읍과 성소를 무너뜨리려니와 그의 마지막은 홍수에 휩쓸림 같을 것이며 또 끝까지 전쟁이 있으리니 황폐할 것이 작정되었느니라 그가 장차 많은 사람들과

> 더불어 한이레 동안의 언약을 굳게 맺고 그가 그 이레의 절반에 제사와 예물을 금지할 것이며 또 포악하여 가증한 것이 날개를 의지하여 설 것이며 또 이미 정한 종말까지 진노가 황폐하게 하는 자에게 쏟아지리라 하였느니라 하니라' (단 9:26-27)

여기에서 '한이레'는 7년의 기간이고 이 구절은 이 7년의 절반인 3½ 년에 파괴될 것을 이야기한다. 이스라엘이 많은 이들과 맺게 될 평화 언약, 다니엘서 11장에 맺게 될 언약이 거짓에 기반이 있음을 암시한다.

> '또 그의 왕위를 이을 자는 한 비천한 사람이라 나라의 영광을 그에게 주지 아니할 것이나 그가 평안한 때를 타서 속임수로 그 나라를 얻을 것이며' (단 11:21)

> '이 두 왕이 마음에 서로 해하고자 하여 한 밥상에 앉았을 때에 거짓말을 할 것이라 일이 형통하지 못하리니 이는 아직 때가 이르지 아니하였으므로 그 일이 이루어지지 아니할 것임이니라' (단 11:27)

이 예언은 마카비들(the Maccabees) 때 안티오쿠스 에피파네스(Antiochus Epiphanes)를 통해 부분적으로 성취되었지만, 이 예언의 온전한 성취가 마지막 때에 있을 것이다. 평화와 거짓을 통해 적그리스는 이스라엘과 아랍 평화협정을 맺도록 할 것이고 이 협정은 그가 예루살렘을 실질적으로 통치할 수 있는 권력을 줄 것이다.

이스라엘 편에서 이런 협상을 할 이들은 이사야 28장에서 '오만한 자'로서 묘사되는데 대부분 현대 이스라엘 정치인들이 현재 하나님께서 성경에서 이스라엘을 위해 주신 약속들에 대해 오만한 태도를 보이는 것은 주목할 만한 일이다.

'이러므로 예루살렘에서 이 백성을 다스리는 너희 오만한 자여 여호와의 말씀을 들을지어다 너희가 말하기를 우리는 사망과 언약하였고 스올과 맹약하였은즉 넘치는 재앙이 밀려올지라도 우리에게 미치지 못하리니 우리는 거짓을 우리의 피난처로 삼았고 허위 아래에 우리를 숨겼음이라 하는도다 그러므로 주 여호와께서 이같이 이르시되 보라 내가 한 돌을 시온에 두어 기초를 삼았노니 곧 시험한 돌이요 귀하고 견고한 기촛돌이라 그것을 믿는 이는 다급하게 되지 아니하리로다 나는 정의를 측량줄로 삼고 공의를 저울추로 삼으니 우박이 거짓의 피난처를 소탕하며 물이 그 숨는 곳에 넘칠 것인즉 너희가 사망과 더불어 세운 언약이 폐하며 스올과 더불어 맺은 맹약이 서지 못하여 넘치는 재앙이 밀려올 때에 너희가 그것에게 밟힘을 당할 것이라 그것이 지나갈 때마다 너희를 잡을 것이니 아침마다 지나가며 주야로 지나가리니 소식을 깨닫는 것이 오직 두려움이라' (사 28:14-19)

침략과 멸망의 위협인 '넘치는 재앙'으로부터 보호받기 위해 이스라엘은 '사망과 더불어 세운 언약'을 체결할 것이다. 그러나 거짓과 기만에 기초한 언약은 무너질 것이다. '물이 그 숨는 곳에 넘친다'는 표현은 이스라엘이 일어날까 봐 두려워하는 바로 그것, 즉 적들의 침략과 점령을 의미한다.

이것은 이 세대의 마지막 전쟁인 아마겟돈(Armageddon)으로 이어질 것이며, 이는 두려움의 소식이 될 것이다.

다니엘 9:27과 이사야 28:14-19의 두 예언은 이러한 잘못된 평화 협정에 동의하지 않는 이들을 이야기한다. 다니엘 9에서 적그리스도는 모든 이들이 아닌 '많은 사람'들과 언약을 맺는다. 이사야 28:16에서 서둘러 행동하지 않고 다음과 같이 말씀하시는 하나님께 자신들의 신뢰를 두는 이들이 있다. '보라 내가 한 돌을 시온에 두

어 기초를 삼았노니 곧 시험한 돌이요 귀하고 견고한 기촛돌이라.'
이것은 시편 118:22, 즉 메시아 시편을 인용한 것인데,

'건축자가 버린 돌이 집 모퉁이의 머릿돌이 되었나니 이는 여호와
께서 행하신 것이요 우리 눈에 기이한 바로다' (시 118:22-23)

시편 118:22은 신약 성경에서 어떤 다른 구약 성경 말씀보다 예수님의 메시아되심을 보여주기 위해 사용되었다. 이것은 세 곳의 복음서와 사도행전, 그리고 베드로전서에 등장한다.

이 구절과 관련한 유대인들의 이야기가 있는데, 건축자들이 솔로몬 성전의 잘 다듬어진 커다란 돌들을 쌓고 있을 때 어디에도 맞지 않는 이상한 모양의 돌을 발견했다. 이들은 이 돌을 포기하고 쓰레기장에 버려두었다. 건축 막바지에 이르렀을 때 성전 구석 머리 부분에 특이한 모양의 공간이 있음을 발견하였다. 건축 초기부터 그곳에 있었던 건축자 중 한 명이 이상한 모양의 돌을 기억하고 쓰레기장에 찾아가 그 돌을 찾아냈다. 이 돌은 구석의 머리 부분에 남겨진 특이한 모양의 공간에 완벽히 맞춰졌다.

이 이야기는 예수님의 메시아 되심과 관련해 놀라운 이야기를 담고 있다. 그가 처음 오셨을 때 그의 모습은 많은 유대인이 가지고 있던 메시아에 대한 생각과 맞지 않았고 그는 영적으로 쓰레기장에 놓여 거절되었다. 예루살렘을 둘러싸고 마지막 분쟁이 벌어질 종말의 때에 유대인 중 남은 자들은 그들의 삶의 비어 있는 공간의 메시아에 대한 소망을 성취할 수 있는 유일한 분이 그분 이라는 것을 알게 될 것이다. 그때 그는 돌아오셔서 영광의 자리를 취하시고 이스라엘을 멸망으로부터 건지시며 세계 평화를 이루실 것이다.

예루살렘을 대항해 전쟁하기 위해 세상의 군대들이 함께 모일 때, 하나님은 말씀하시기를,

'내가 다윗의 집과 예루살렘 주민에게 은총과 간구하는 심령을 부어 주리니 그들이 그 찌른 바 그를 바라보고 그를 위하여 애통하기를 독자를 위하여 애통하듯 하며 그를 위하여 통곡하기를 장자를 위하여 통곡하듯 하리로다' (슥 12:10)

이 말씀 후 스가랴는 이야기하길,

'그 때에 여호와께서 나가사 그 이방 나라들을 치시되 이왕의 전쟁 날에 싸운 것 같이 하시리라 그 날에 그의 발이 예루살렘 앞 곧 동편 감람 산에 서실 것이요… 여호와께서 천하의 왕이 되시리니' (슥 14:3-4, 9)

이 말씀은 예수님의 말씀과 정확히 일치한다. 그는 복음서에서 '찌른바'된 독생자로 세상을 구속하시기 위해 십자가에서 죽으신 분으로 또한, 세상을 심판하시기 위해 다시 오실 분으로 계시된다.

예수님은 예루살렘 바로 밖 감람산 위에서 그분의 재림에 대해 가르치셨고 스가랴는 이스라엘을 구원하기 위해 이곳에 주님께서 오실 것이라 이야기했다.(마 24장, 막 13장, 눅 21장) 예수님은 이곳에서 하늘로 승천하셨고 천사는 제자들에게 이렇게 말했다.

'너희 가운데서 하늘로 올려지신 이 예수는 하늘로 가심을 본 그대로 오시리라 하였느니라' (행 1:11)

스가랴에 묘사된 이스라엘이 찌른바 그를 바라보는 이 사건은 내가 이미 인용한 예수님께서 예루살렘에 관해 말씀하신 마태복음 23:39과 동일한 사건이 될 것이다.

'… 이제부터 너희는 찬송하리로다 주의 이름으로 오시는 이여 할 때까지 나를 보지 못하리라 하시니라'

유대인들이 예수님을 환영하고 영접할 때 결국 그는 이 땅에 오셔서 이스라엘에 평화를 가져다 주심으로 이사야의 예언을 성취하게 될 것이다.

'말일에 여호와의 전의 산이 모든 산꼭대기에 굳게 설 것이요 모든 작은 산 위에 뛰어나리니 만방이 그리로 모여들 것이라 많은 백성이 가며 이르기를 오라 우리가 여호와의 산에 오르며 야곱의 하나님의 전에 이르자 그가 그 의 길을 우리에게 가르치실 것이라 우리가 그 길로 행하리라 하리니 이는 율법이 시온에서부터 나올 것이요 여호와의 말씀이 예루살렘에서부터 나올 것임이니라 그가 열방 사이에 판단하시며 많은 백성을 판결하시리니 무리가 그들의 칼을 쳐서 보습을 만들고 그들의 창을 쳐서 낫을 만들 것이며 이 나라와 저 나라가 다시는 칼을 들고 서로 치지 아니하며 다시는 전쟁을 연습하지 아니하리라' (사 2:2-4)

이 날에 그는 이미 고통 받는 종으로서의 메시아(요셉의 자손 메시아)의 예언들을 성취하신 것처럼, 다스리는 왕으로서의 메시아(다윗의 자손 메시아)의 예언들을 성취하실 것이다.

오늘날 예수님께선 그분이 가장 먼저 찾아갔고 여전히 사랑하시는 유대인들이 회개와 믿음 가운데 돌아와, 예수님께서 겸손으로 모든 세상의 죄들을 위한 제물이 되기 위해 오셨고 우리가 어떻게 그에게 반응하는지에 따라 의 가운데 세상을 심판할 다시 오실 진정한 메시아이심을 인정하게 되기를 기다리고 계신다.

이 모든 일 이후에 히브리 선지자들과 신약 성경이 예언하고 있는 메시아 시대, 천년왕국이 임할 것이다. 천년왕국의 모습은 다음과 같을 것이다.

예수님의 재림 후에 임 할 메시아 시대 동안 하나님은 세상이 어떻게 경영되어야 하는지 보여 주실 것이다. 이 일이 있기 전 고통의 시간으로 인해 발생한 폐허에서 세상을 정결하게 하려고 생수가 예루살렘으로부터 흘러넘치게 될 것이다.(슥 14:8) 전쟁의 도구들은 쓰러지고 전쟁을 위한 모든 훈련은 중단될 것이다.(사 2:4; 9:5, 겔 38:9)

열방은 메시아께서 주님의 길을 가르치실 구속된 예루살렘으로 올라가게 될 것이다.(사 2:2-3) 우주적 평화가 있을 것이고 심지어 육식동물이 초식동물처럼 풀을 뜯게 될 것이다. 지구는 물이 바다를 덮음 같이 주님을 아는 지식으로 가득 차게 될 것이다.(사 11:6-9)

이러한 영광스러운 때는 이 땅의 안식일이 될 것이다. 창조를 문자 그대로 믿고 메시아의 재림이 멀지 않음을 믿는다면 성경은 창조 때부터 마지막 때까지 약 6천 년이라는 것을 보여준다. 요한계시록은 천년왕국이 천 년 동안 지속한다고 말한다. 베드로후서 3:8에서 주님께선 하루가 천년과 같다고 하신다. 이는 창조의 때와 동일하다. 6일 동안의 노동 후 안식일, 이 땅에서의 고통과 죄의 6천 년, 그리고 1천 년간의 안식과 평화.

스가랴는 이 기간 동안 장막절(숙콧 [Succoth])이 기념될 것에 대해 이야기한다. 장막절은 이스라엘이 이집트에서 나와 약속된 땅으로 들어가기 전 움막에 살았던 것을 기념하는 날이다. 움막은 하나님께서 그의 백성을 위해 준비하신 마지막 종착점 전의 임시 거처를 나타낸다. 그러므로 메시아 시대 / 천년 왕국은 '이집트(하나님을 대항하는 세상 조직을 상징하는)에서 나온' 이들이 천국에의 최후 안식에 들어가기 전 머무는 임시 거처이다.

이 기간에 메시아께서 '철장으로 (Rule with a rod of iron)', 하지만 동시에 완벽한 공의로 다스리실 것이다(사 11:4-5). 이 기간은 대환난의 공포를 체험한 이들을 비롯한 모든 이에게 은혜의 기간일 것이다. 대환난을 겪고 메시아 왕국에 들어간 이들은 이전처럼 아이를 낳을 것이다. 이 기간엔 사탄은 묶이고 열방에 영향을 미치지 못할 것이므로 그들은 지금 우리와 같이 죄를 짓지 못할 것이다.(계 20:1-4)

그러나 죄에 대한 가능성은 이 기간에도 존재할 것이다. 이사야 65: 20은 이렇게 기록한다.

'거기는 날 수가 많지 못하여 죽는 유아와 수한이 차지 못한 노인이 다시는 없을 것이라 곧 백 세에 죽는 자가 아이겠고 백 세에 못되어 죽는 자는 저주받은 것이리라'

스가랴서는 이 기간에 주님께 경배하기를 거부함으로 심판을 겪는 나라들에 대해 이야기한다(슥 14:17-19). 천 년 기간의 마지막 때에 사탄이 잠시 놓임을 받아 메시아의 통치를 적극적으로 거부하는 이들을 모을 것이다.

'천 년이 차매 사단이 그 옥에서 놓여 나와서 땅의 사방 백성 곧 곡과 마곡을 미혹하고 모아 싸움을 붙이리니 그 수가 바다 모래 같으리라 저희가 지면에 널리 퍼져 성도들의 진과 사랑하시는 성을 두르매 하늘에서 불이 내려와 저희를 소멸하고 또 저희를 미혹하는 마귀가 불과 유황 못에 던지우니 거기는 그 짐승과 거짓 선지자도 있어 세세토록 밤낮 괴로움을 받으리라' (계 20:7-10)

이것은 실제로 지구상에서의 마지막 전쟁이 될 것이고 아마겟돈과 같이 사탄의 세력들이 쫓겨나므로 끝나게 될 것이다. 이 기간은 또한 세상의 마지막이 될 것인데, 이 땅과 그 안에 있는 모든 것이 멸망하고 하나님의 위대한 보좌 앞에서의 최후의 심판의 날이 시작될 것이다.

요한계시록 19-21장은 세계 종말의 예언적 사건들을 논리적 순서에 따라 총괄하여 보여준다. 아마겟돈 전쟁, 메시아의 재림, 천 년 동안의 통치, 천 년 직후의 사탄의 놓임과 반란, 세계의 종말, 천국과 지옥.

이 모든 것 후에 지금 우리가 사는 이 땅, 우주는 '뜨거운 불에 풀어지고' 이 땅은 불타게 될 것이다(벧후 3:10). 그리고 죽은 자들 중 악한 자들은 하나님의 심판을 위해 나아 올 것이다.

> '또 내가 크고 흰 보좌와 그 위에 앉으신 자를 보니 땅과 하늘이 그 앞에서 피하여 간데 없더라 또 내가 보니 죽은 자들이 무론 대소하고 그 보좌 앞에 섰는데 책들이 펴 있고 또 다른 책이 펴졌으니 곧 생명책이라 죽은 자들이 자기 행위를 따라 책들에 기록된 대로 심판을 받으니 바다가 그 가운데서 죽은 자들을 내어 주고 또 사망과 음부도 그 가운데서 죽은 자들을 내어 주매 각 사람이 자기의 행위대로 심판을 받고 사망과 음부도 불못에 던지우니 이것은 둘째 사망 곧 불못이라 누구든지 생명책에 기록되지 못한 자는 불못에 던지우더라' (계 20:11-15)

이후에 하나님은 예수님을 구주와 주님으로 믿는 이들을 위해 새 하늘과 새 땅을 창조하실 것이다. 비로소 우리는 삶의 문제와 고통으로부터 영원한 구속을 경험하게 될 것이다. 이 땅의 모든 세대가 인간의 죄성과 사탄으로 인해 실패로 끝났지만, 천국은 그렇지 않을 것이다. 오직 주님과 구속 받은 이들만 그곳에 있게 될 것이다. 예수님의 구속을 거절했던 자들은 이곳에 들어오지 못할 것이다.

구원받은 자들은 인간 본성의 연약으로 인해 이 땅에서 성취할 수 없었던 주님의 임재 가운데 하나님과 완전하고 깨어지지 않는 교제를 갖게 될 것이다. 우리는 새로운 몸을 가질 것이고, 육체도 늙거나 병들거나 죽지 않을 것이다(고전 15장). 우리를 알았던 이들이 또한 서로를 알아볼 것이므로 우리의 정체성은 유지된다. 하지만 인간관계는 이 땅에서와 같지 않을 것이다. 예를 들면 천국에는 결혼이 없을 것이다(눅 20:34-35). 또한, 죽음이 없을 것이므로 새로운 세대가 현세대를 대체할 필요가 없을 것이다. 구속받은 자들 사이의 교제는 우리가 이 땅에서 경험한 어떤 것보다도 더 아름다울 것이다. 천국에서의 사랑의 관계는 지구상의 가장 강력한 어떤 관계보다 더 단단할 것이다.

하나님의 임재 안에만 기쁨이 충만히 있다. 천국에서 그 누구도 슬프지 않다. 이 땅에 불행을 초래하는 어떠한 것도 천국에 들어올 수 없다. 몰인정함, 잔인함, 이기심, 외로움, 오해는 없다.

'모든 눈물을 그 눈에서 씻기시매 다시 사망이 없고 애통하는 것이나 곡하는 것이나 아픈 것이 다시 있지 아니하리니 처음 것들이 다 지나갔음이러라' (계 21:4)

왕의 왕이시고 주의 주이신 메시아 예수님에 의해 우리 모두에게 열린 구원을 받아들임으로 그곳에 이르기를 소망한다. 아멘.

'가라사대 때가 찼고 하나님 나라가 가까웠으니 회개하고 복음을 믿으라 하시더라' (막 1:15)

부록
성취된, 또한 성취될 메시아 예언들

메시아의 첫 번째 오심에 관한 예언들

■ 베들레헴에서 태어날 메시아

예언

'베들레헴 에브라다야 너는 유다 족속 중에 작을지라도 이스라엘을 다스릴 자가 네게서 내게로 나올 것이라 그의 근본은 상고에, 영원에 있느니라' (미 5:2)

성취

'왕[헤롯]이 모든 대제사장과 백성의 서기관들을 모아 그리스도가 어디서 나겠느냐 물으니 이르되 유대 베들레헴이오니 이는 선지자로 이렇게 기록된 바' (마 2:4-5, 전체 내용을 보려면 마 2:1-6과 눅 2:1-20을 보라)

■ 동정녀로부터 태어날 메시아

예언

'그러므로 주께서 친히 징조를 너희에게 주실 것이라 보라 처녀가 잉태하여 아들을 낳을 것이요 그의 이름을 임마누엘이라 하리라' (사7:14)

성취

'예수 그리스도의 나심은 이러하니라 그의 어머니 마리아가 요셉과 약혼하고 동거하기 전에 성령으로 잉태된 것이 나타났더니… 이 일을 생각할 때에 주의 사자가 현몽하여 이르되 다윗의 자손 요셉아 네 아내 마리아 데려오기를 무서워하지 말라 그에게 잉태된 자는 성령으로 된 것이라 아들을 낳으리니 이름을 예수라 하라 이는 그가 자기 백성을 그들의 죄에서 구원할 자이심이라 하니라'
(마 1:18, 20-21, 전체 내용을 위해서 마 1:18-25을 보라)

■ 하나님의 아들이자 권능의 하나님이신 메시아

예언

'이는 한 아기가 우리에게 났고 한 아들을 우리에게 주신 바 되었는데 그의 어깨에는 정사를 메었고 그의 이름은 기묘자라, 전능하신 하나님이라, 영존하시는 아버지라, 평강의 왕이라 할 것임이라' (사 9:6)

성취

'… 성령이 네게 임하시고 지극히 높으신 이의 능력이 너를 덮으시리니 이러므로 나실 바 거룩한 이는 하나님의 아들이라 일컬어지리라' (눅 1:35)

■ 기적과 함께 복음을 전하실 메시아

예언

'주 여호와의 영이 내게 내리셨으니 이는 여호와께서 내게 기름을 부으사 가난한 자에게 아름다운 소식을 전하게 하려 하심이라 나를 보내사 마음이 상한 자를 고치며 포로된 자에게 자유를, 갇힌 자에게 놓임을 선포하며'

성취

'예수께서 모든 도시와 마을에 두루 다니사 그들의 회당에서 가르치시며 천국 복음을 전파하시며 모든 병과 모든 약한 것을 고치시니라' (마 9:35)

■ 비유로 가르치실 메시아

예언

'내가 입을 열어 비유로 말하며… ' (시 78:2)

성취

'예수께서 이 모든 것을 무리에게 비유로 말씀하시고 비유가 아니면 아무 것도 말씀하지 아니하셨으니' (마 13:34)

■ 이방인들에게 빛이 되실 메시아

예언

'…내가 또 너를 이방의 빛으로 삼아 나의 구원을 베풀어서 땅 끝까지 이르게 하리라' (사 49:6)

성취

'내 눈이 주의 구원을 보았사오니 이는 만민 앞에 예비하신 것이요 이방을 비추는 빛이요 주의 백성 이스라엘의 영광이니이다 하니' (눅 2:30-32, 마 28:18-20과 행 13:47-48도 보라)

■ 나귀를 타고 예루살렘에 들어가실 메시아

예언

'시온의 딸아 크게 기뻐할지어다 예루살렘의 딸아 즐거이 부를 지어다 보라 네 왕이 네게 임하시나니 그는 공의로우시며 구원을 베푸시며 겸손하여서 나귀를 타시나니 나귀의 작은 것 곧 나귀 새끼니라' (슥 9:9)

성취

'나귀와 나귀 새끼를 끌고 와서 자기들의 겉옷을 그 위에 얹으매 예수께서 그 위에 타시니 무리의 대다수는 그들의 겉옷을 길에 펴고 다른 이들은 나뭇가지를 베어 길에 펴고' (마 21:7-8, 전체 내용을 위해서 마태 21:1-11을 보라)

■ 이 때에 메시아가 받으실 메시아에 대한 환영

예언

'이 날은 여호와께서 정하신 것이라 이 날에 우리가 즐거워하고 기뻐하리로다 여호와여 구하옵나니 이제 구원하소서 여호와여 우리가 구하옵나니 이제 형통하게 하소서 여호와의 이름으로 오는 자가 복이 있음이여 우리가 여호와의 집에서 너희를 축복하였도다' (시 118:24-26)

성취

'앞에서 가고 뒤에서 따르는 무리가 소리 높여 이르되 호산나[히브리어: 호쉬에누] 다윗의 자손이여 찬송하리로다 주의 이름으로 오시는 이여 가장 높은 곳에서 호산나 하더라' (시 21:9)

이러한 승리의 입성에도 불구하고 메시아께서 거절 당하고 희생
되시려고 예루살렘에 들어가심

예언

'건축자가 버린 돌이 집 모퉁이의 머릿돌이 되었나니… 밧줄로
절기 제물을 제단 뿔에 맬지어다' (시 118:22, 27)

성취

'… 예수 그리스도께서 자기가 예루살렘에 올라가 장로들과 대제
사장들과 서기관들에게 많은 고난을 받고 죽임을 당하고 제삼일
에 살아나야 할 것을 제자들에게 비로소 나타내시니' (마 16:21)

■ 은 삼십에 배신당하실 메시아

예언

'그들이 곧 은 삼십 개를 달아서 내 품삯을 삼은지라 여호와께
서 내게 이르시되 그들이 나를 헤아린 바 그 삯을 토기장이에게
던지라 하시기로 내가 곧 그 은 삼십 개를 여호와의 전에서 토기
장이에게 던지고' (슥 11:12-13)

성취

'그 때에 열둘 중의 하나인 가룟 유다라 하는 자가 대제사장들
에게 가서 말하되 내가 예수를 너희에게 넘겨 주리니 얼마나 주
려느냐 하니 그들이 은 삼십을 달아 주거늘' (마 26:14-15, 마
27:3-10도 보라)

■ 제자들에게 버림받으실 메시아

예언

'만군의 여호와가 말하노라 칼아 깨어서 내 목자, 내 짝 된 자를 치라 목자를 치면 양이 흩어지려니와 작은 자들 위에는 내가 내 손을 드리우리라' (슥 13:7)

성취

'제자들이 다 예수를 버리고 도망하니라' (막 14:50)

■ 그를 고소하는 자들 앞에서 침묵하실 메시아

예언

'그가 곤욕을 당하여 괴로울 때에도 그의 입을 열지 아니하였음이여…' (사 53:7)

성취

'대제사장들과 장로들에게 고발을 당하되 아무 대답도 아니하시는지라' (마 27:12)

■ 맞으시고 침뱉음을 당하실 메시아

예언

'나를 때리는 자들에게 내 등을 맡기며 나의 수염을 뽑는 자들에게 나의 뺨을 맡기며 모욕과 침 뱉음을 당하여도 내 얼굴을 가리지 아니하였느니라' (사50:6)

성취

'이에 예수의 얼굴에 침 뱉으며 주먹으로 치고 어떤 사람은 손바닥으로 때리며' (마 26:67)

■ 조롱 당하실 메시아

예언

'나를 보는 자는 다 나를 비웃으며 입술을 비쭉거리고 머리를 흔들며 말하되 그가 여호와께 의탁하니 구원하실 걸, 그를 기뻐하시니 건지실 걸 하나이다' (시 22:7-8)

성취

'그와 같이 대제사장들도 서기관들과 장로들과 함께 희롱하여 이르되 그가 남은 구원하였으되 자기는 구원할 수 없도다 그가 이스라엘의 왕이로다 지금 십자가에서 내려올지어다 그리하면 우리가 믿겠노라 그가 하나님을 신뢰하니 하나님이 원하시면 이제 그를 구원하실지라…' (마 27:41-43)

■ 메시아의 손과 발에 못박히시는 메시아

예언

'… 내 수족을 찔렀나이다' (시 22:16)
'… 그들이 그 찌른 바 그를 바라보고…' (슥 12:10)

성취

'해골이라 하는 곳에 이르러 거기서 예수를 십자가에 못 박고…' (눅 23:33)

■ 범죄자들과 함께 죽임을 당하실 메시아

예언
'… 범죄자 중 하나로 헤아림을 받았음이니라… ' (사 53:12)

성취
'이 때에 예수와 함께 강도 둘이 십자가에 못박히니 하나는 우편에, 하나는 좌편에 있더라' (마 27:38)

■ 자신을 박해하는 자들을 위해 중보하실 메시아

예언
'… 그가 많은 사람의 죄를 담당하며 범죄자를 위하여 기도하였느니라' (사 53:12)

성취
'이에 예수께서 이르시되 아버지 저들을 사하여 주옵소서 자기들이 하는 것을 알지 못함이니이다 하시더라' (눅 23:34)

■ 메시아의 뼈가 부러지지 않음

예언
'그의 모든 뼈를 보호하심이여 그 중에서 하나도 꺾이지 아니하도다' (시 34:20, 출 12:46과 민 9:12도 보라)

성취
'예수께 이르러서는 이미 죽으신 것을 보고 다리를 꺾지 아니하고… 이 일이 일어난 것은 그 뼈가 하나도 꺾이지 아니하리라 말

하는 것이 참인 줄 알고 너희로 믿게 하려 함이니라'
(요 19:33, 36)

■ 부자의 무덤에 묻히실 메시아

예언

'그의 무덤이 악인들과 함께 있었으며 그가 죽은 후에 부자와 함께 있었도다' (사 53:9)

성취

'저물었을 때에 아리마대의 부자 요셉이라 하는 사람이 왔으니 그도 예수의 제자라 빌라도에게 가서 예수의 시체를 달라 하니 이에 빌라도가 내주라 명령하거늘 요셉이 시체를 가져다가 깨끗한 세마포로 싸서 바위 속에 판 자기 새 무덤에 넣어 두고 큰 돌을 굴려 무덤 문에 놓고 가니' (마 27:57-60)

■ 죽음 가운데 부활하실 메시아

예언

'이는 주께서 내 영혼을 스올에 버리지 아니하시며 주의 거룩한 자를 멸망시키지 않으실 것임이니이다. 주께서 생명의 길을 내게 보이시리니' (사 53:8, 10)

성취

'… 어찌하여 살아 있는 자를 죽은 자 가운데서 찾느냐 여기 계시지 않고 살아나셨느니라… ' (눅 24:5-6)

■ 메시아를 통한 구원의 메시지가 온 세계로 퍼질 것임

예언

'땅의 모든 끝이여 내게로 돌이켜 구원을 받으라 나는 하나님이라 다른 이가 없느니라 내가 나를 두고 맹세하기를 내 입에서 공의로운 말이 나갔은즉 돌아오지 아니하나니 내게 모든 무릎이 꿇겠고 모든 혀가 맹세하리라 하였노라' (사 45:22-23)

성취

'예수께서 나아와 말씀하여 이르시되 하늘과 땅의 모든 권세를 내게 주셨으니 그러므로 너희는 가서 모든 민족을 제자로 삼아 아버지와 아들과 성령의 이름으로 세례를 베풀고 내가 너희에게 분부한 모든 것을 가르쳐 지키게 하라 볼지어다 내가 세상 끝날까지 너희와 항상 함께 있으리라 하시니라' (마 28:18-20)

메시아의 두 번째 오심에 대한 예언들

■ 주님의 날이 오기 전 비교할 수 없는 고통의 시간

예언

'그 때에 네 민족을 호위하는 큰 군주 미가엘이 일어날 것이요 또 환난이 있으리니 이는 개국 이래로 그 때까지 없던 환난일 것이며…' (단 12:1)

동일한 신약 성경 구절

'이는 그 때에 큰 환난이 있겠음이라 창세로부터 지금까지 이런 환난이 없었고 후에도 없으리라' (마 24:21)

■ 이 환난의 시간의 초점은 예루살렘이 될 것임

예언
'그 날에는 내가 예루살렘을 모든 민족에게 무거운 돌이 되게 하리니 그것을 드는 모든 자는 크게 상할 것이라 천하 만국이 그것을 치려고 모이리라' (슥 12:3)

동일한 신약 성경 구절
'너희가 예루살렘이 군대들에게 에워싸이는 것을 보거든 그 멸망이 가까운 줄을 알라… 예루살렘은 이방인의 때가 차기까지 이방인들에게 밟히리라' (눅 21:20, 24)

■ 모든 나라들이 몰려올 마지막 전쟁

예언
'사면의 민족들아 너희는 속히 와서 모일지어다 여호와여 주의 용사들로 그리로 내려오게 하옵소서 민족들은 일어나서 여호사밧 [히브리어로 '주님께서 심판하신다'] 골짜기로 올라올지어다 내가 거기에 앉아서 사면의 민족들을 다 심판하리로다'
(욜 3:11-12, 전체 내용은 욜 3:11-16을 보라)

동일한 신약 성경 구절
'그들은 귀신의 영이라 이적을 행하여 온 천하 왕들에게 가서 하나님 곧 전능하신 이의 큰 날에 있을 전쟁을 위하여 그들을 모으더라… 세 영이 히브리어로 아마겟돈이라 하는 곳으로 왕들을 모으더라' (계 16:14, 16)

■ 하늘 구름을 타고 오실 메시아

예언

'내가 또 밤 환상 중에 보니 인자 같은 이가 하늘 구름을 타고 와서…' (단 7:13)

동일한 신약 성경 구절

'그 때에 인자의 징조가 하늘에서 보이겠고 그 때에 땅의 모든 족속들이 통곡하며 그들이 인자가 구름을 타고 능력과 큰 영광으로 오는 것을 보리라' (마 24:30)

■ 찔린 자로 보여질 메시아

예언

'내가 다윗의 집과 예루살렘 주민에게 은총과 간구하는 심령을 부어 주리니 그들이 그 찌른 바 그를 바라보고 그를 위하여 애통하기를 독자를 위하여 애통하듯 하며 그를 위하여 통곡하기를 장자를 위하여 통곡하듯 하리로다' (슥 12:10)

동일한 신약 성경 구절

'볼지어다 그가 구름을 타고 오시리라 각 사람의 눈이 그를 보겠고 그를 찌른 자들도 볼 것이요 땅에 있는 모든 족속이 그로 말미암아 애곡하리니 그러하리라' (계 1:7)

■ 감람산에 오실 메시아

예언

'그 때에 여호와께서 나가사 그 이방 나라들을 치시되 이왕의 전쟁 날에 싸운 것 같이 하시리라 그 날에 그의 발이 예루살렘 앞 곧 동쪽 감람 산에 서실 것이요… ' (슥 14:3-4)

동일한 신약 성경 구절

'… 갈릴리 사람들아 어찌하여 서서 하늘을 쳐다보느냐 너희 가운데서 하늘로 올려지신 이 예수는 하늘로 가심을 본 그대로 오시리라 하였느니라 제자들이 감람원이라 하는 산으로부터 예루살렘에 돌아오니 이 산은 예루살렘에서 가까워 안식일에 가기 알맞은 길이라' (행 1:11-12)

■ 거룩한 자들과 함께 오실 메시아

예언

'… 나의 하나님 여호와께서 임하실 것이요 모든 거룩한 자들이 주와 함께 하리라' (슥 14:5)

동일한 신약 성경 구절

'…보라 주께서 그 수만의 거룩한 자와 함께 임하셨나니' (유 14. 주의 성경에서 '성자들'은 주님을 진실로 믿는 모든 이들을 의미한다)

■ 주님의 재림에 도망가는 악한자들

예언

'사람이… 은 우상과 금 우상을 그 날에… 던지고 암혈과 험악한 바위 틈에 들어가서 여호와께서 땅을 진동시키려고 일어나실 때에 그의 위엄과 그 광대하심의 영광을 피하리라' (사 2:20, 21)

동일한 신약 성경 구절

'땅의 임금들과 왕족들과 장군들과 부자들과 강한 자들과 모든 종과 자유인이 굴과 산들의 바위 틈에 숨어 산들과 바위에게 말하되 우리 위에 떨어져 보좌에 앉으신 이의 얼굴에서와 그 어린 양의 진노에서 우리를 가리라' (계 6:15-16)

■ 지구상에 정의와 평화를 실현할 주님. 열방을 속일 수 없는 사탄

예언

'말일에 여호와의 전의 산이 모든 산 꼭대기에 굳게 설 것이요 모든 작은 산 위에 뛰어나리니 만방이 그리로 모여들 것이라 많은 백성이 가며 이르기를 오라 우리가 여호와의 산에 오르며 야곱의 하나님의 전에 이르자 그가 그의 길을 우리에게 가르치실 것이라 우리가 그 길로 행하리라 하리니 이는 율법이 시온에서부터 나올 것이요 여호와의 말씀이 예루살렘에서부터 나올 것임이니라 그가 열방 사이에 판단하시며 많은 백성을 판결하시리니 무리가 그들의 칼을 쳐서 보습을 만들고 그들의 창을 쳐서 낫을 만들 것이며 이 나라와 저 나라가 다시는 칼을 들고 서로 치지 아니하며 다시는 전쟁을 연습하지 아니하리라' (사 2:2-4)

동일한 신약 성경 구절

'또 내가 보매 천사가 무저갱의 열쇠와 큰 쇠사슬을 그의 손에 가지고 하늘로부터 내려와서 용을 잡으니 곧 옛 뱀이요 마귀요 사탄이라 잡아서 천 년 동안 결박하여… 다시는 만국을 미혹하지 못하게 하였는데… 이 첫째 부활에 참여하는 자들은 복이 있고 거룩하도다 둘째 사망이 그들을 다스리는 권세가 없고 도리어 그들이 하나님과 그리스도 [메시아]의 제사장이 되어 천 년 동안 그리스도와 더불어 왕 노릇 하리라' (계 20:1-6에서 발췌)

■ 열방 가운데서 주님의 구원받고 축복받을 이스라엘

예언

'그 날에 이스라엘이 애굽 및 앗수르와 더불어 셋이 세계 중에 복이 되리니 이는 만군의 여호와께서 복 주시며 이르시되 내 백성 애굽이여, 내 손으로 지은 앗수르여, 나의 기업 이스라엘이여, 복이 있을지어다 하실 것임이라' (사 19:24-25)

동일한 신약 성경 구절

'그리하여 온 이스라엘이 구원을 받으리라 기록된 바 구원자가 시온에서 오사 야곱에게서 경건하지 않은 것을 돌이키시겠고 내가 그들의 죄를 없이 할 때에 그들에게 이루어질 내 언약이 이것이라 함과 같으니라' (롬 11:26-27)

■ 천년 왕국 후, 새 하늘과 새 땅을 창조하실 하나님

예언

'내가 지을 새 하늘과 새 땅이 내 앞에서 항상 있는 것 같이 너희 자손과 너희 이름이 항상 있으리라 여호와의 말이니라' (사 66:22)

동일한 신약 성경 구절

'또 내가 새 하늘과 새 땅을 보니 처음 하늘과 처음 땅이 없어졌고… 내가 들으니 보좌에서 큰 음성이 나서 이르되 보라 하나님의 장막이 사람들과 함께 있으매 하나님이 그들과 함께 계시리니 그들은 하나님의 백성이 되고 하나님은 친히 그들과 함께 계셔서' (계 21:1-4에서 발췌)

누가 메시아인가?

초판 인쇄 2018년 4월 30일
지은이 토니 피어스
옮긴이 박계원
발행인 이금선
발행처 브래드북스
출판등록 2011년 5월 13일 (신고번호 제2011-000085호)
주소 경기도 고양시 일산동구 백마로 502번길 116-18
전화 031-926-2722
홈페이지 www.bradtv.co.kr | **이메일** bradbooks123@gmail.com
값 12,000원

편집 허예람
디자인 김보라 정예진

ISBN 979-11-958931-3-3

이 책의 저작권은 저자에게 있으며 판권은 브래드북스에 있습니다.
이 책은 저작권법에 의하여 보호를 받는 저작물이므로 무단전재와 무단복제를 금합니다.